Grimms Märchen in Gedicht

Band III

Herstellung: Books on Demand GmbH
ISBN 3-8311-2839-1

Verzeichnis der Grimms Märchen (Seite; Bd';";''')

Verzeichnis der Grimms Märchen (Seite; Bd';'';''')

Verzeichnis der Grimms Märchen (Seite; Bd';'';''')

Verzeichnis der Grimms Märchen (Seite; Bd';";''')

Bernkastel-Kues; im Herbst 2001; Rudolf Gerber; Diplompädagoge.

Häsichenbraut (66) (Hasenbraut)

'Eine Frau mit ihrer Tochter,

Die fühlen sich recht wohl'.

Der Has' im Winter kommt er,

Am liebsten holt sich Kohl.

'Die Frau zur Tochter sagt:

Den dicken Has' treib weg.

Mit schu! schu! ihn jagt',

Sonst nimmer etwas hätt'.

'Komm auf mein Schwänzchen,

Und in meine Hasenhütt',

Fraß sich voll das Pänzchen,

Doch das Mädchen will nicht mit.

'Am dritten Tag gestand,

Das gleiche war geschehen.

Das Mädchen einverstand',

Im Hasenhüttchen gewesen.

'Nun Grünkohl und Hirse kocht,

Die Hochzeitsleut' will einladen.

Das er so gerne mocht,

Und manche Tiere kamen.

'Gar viele, viele Hasen,

Die Krähe als Pfarrer dabei.

Um die Brautleute zu fragen,

Der Fuchs als Küster sei.

‘Das Mädchen traurig wurde,

Ganz alleine es doch wär.

Steh auf, steh auf er murrte,

Die Leute schon warten sehr.

‘Dreimal ruft er nach ihr,

Doch es nur weinen tat.

Eine Puppe mach ich dir,

Zur Mutter gehen mag.

‘Das ist nicht meine Braut,

Die Strohpupp’ will ich nicht.

Nach ihr nimmer schaut,

Geht fort mit bös’ Gesicht.

Die zwölf Jäger (67)

'Es war einmal ein Königssohn,

Seine Braut hatte sehr lieb.

Doch der Vater erkrankte schon,

Ihn deshalb zu sich rief.

'Lieber Sohn ich muss bald sterben,

Als Andenken geb' diesen Ring.

Den sollst du von mir erben,

Doch diese Königstochter nimm.

'Genau hat sie beschrieben,

Überall im Land bekannt.

Wenn ja sagst, bin zufrieden,

Gab ihm dazu die Hand.

'Der Sohn zum König ausgerufen,

Die Trauerzeit verflossen war.

Die Königstochter wollt aufsuchen,

Seine Braut darüber sich grämte da.

'Ihr Vater diesen Trost zusprach,

Alles will ich dir versprechen.

Was immer du wünschen mag',

Deine Bitte werd' nie vergessen.

'Lieber Vater schenke mir,

Elf Mädchen, die mir gleich'.

Dankbar sein werd' ewig dir,

Dann auch mein Ziel erreich'.

'Alle zwölf Mädchen tun,
Als Jäger sich verkleiden.
Beim König einfinden nun,
Zum Jagen sich bereiten.
'Der Löwe doch erkannt',
Die von ihm sind eingestellt.
Zu allererst zu prüfen fand,
Als echte Jäger erhält.
'Soll Erbsen aussschütten,
Auf den glatten Boden hin.
Wenn sie darüber schritten,
Ganz ängstlich alle sind.
'Vom Diener wurde verraten,
Hatten deshalb einen festen Gang.
Den Löwen nicht mehr fragen,
Die Täuschung weiter gelang.
'Soll zwölf Spinnräder aufstellen,
Diesen würdigten keinen Blick.
Als Jäger tät immer wählen,
Vertraute ihnen in allen Stück'.
'Als sie beim Jagen waren,
Sich die Königstochter meld'.
Die rechte Braut hat's erfahren,
Sogleich in Ohnmacht fällt.

‘Zu ihr ist rasch geritten,

Ihr helfen in der Not.

An der Hand konnt’ erblicken,

Den Ring den einst anbot.

‘Nun schaut in ihre Augen,

Erkennt das liebe Gesicht.

Auf dieses allein soll bauen,

Sein Herz voll Liebe spricht.

‘Der Löwe längst es wüsst’,

Hat Gnade gar gefunden.

Als er die Gemahlin küsst.

Dass allzeit in Glück verbunden.

Jorinde und Joringel (69)

'Es war einmal ein altes Schloss,
Mitten im dichten Wald.
Darinnen eine Frau mal klein mal groß,
Als böse Erzzauberin galt.
'Am Tag die Gestalt einer Katze hat,
Oder auch einer Eule gleich.
Doch wenn es gegen Abend ward,
Ein Mensch mit Bein und Fleisch.
'Wild und Vögel lockt herbei,
Und schlachtet gleich darauf.
Wenn auch noch so laut schrei',
Keines von ihnen weglauf.
'Wer hundert Schritte sich naht,
Ganz still muss auf einmal stehn.
Bis dass sie ihn lossagt,
Und konnte dann weitergehn.
'Eine Jungfrau die Jorinde hieß,
Schöner als alle Mädchen war.
Und ein Junge den Joringel rief,
Sich zusammen versprochen gar.
'Da sich so überglücklich fand.
Um doch beieinander zu sein.
Ein jeder an des andern Hand,
In den tiefen Wald kehren ein.

'Hüte dich, Joringel zu ihr sagt,
Nicht zu nahe komm ans Schloss.
Auch Jorinde zaghaft klagt,
Sonst findet die Hex' uns noch.
'Durch's Gebüsch hinüber sah,
Noch halb die Sonne stand.
Die Schlossmauer wurde gewahr,
Ganz bang ein Lied sie sang.
'Mein Vöglein mit dem Ringlein rot,
Singt, leide, leide, hüt.
Es singt dem Täublein seinen Tod.
Leide, lei- zicküth, zicküth.
'Joringel nach Jorinde sah,
Die war eine Nachtigall.
Eine Eule um sie gewahr,
Schu, schu ihr Ruf erschall.
'Er konnte sich nicht regen,
Wie ein fester Stein stand da,
Weder Hand noch Fuß bewegen,
Kein Leben in ihm mehr war.
'Nun ging die Sonne unter,
Die Eule flog in den Strauch.
Eine krumme Frau recht munter,
Wie eine alte Hexe auch.

'Im Gesicht ganz gelb und mager,
Große, rote Augen wie noch nie.
Eine krumme Nase so hager,
Mit der Spitze an's Kinn reicht sie.
'Murmelt leise vor sich hin,
Joringel konnt' nichts sagen.
Die Nachtigall schon fing,
Weint laut zum Gotterbarmen.
'Musst gehen an einen fremden Ort,
Die Schafe im Dorfe hütet.
Blieb lange Zeit weit fort,
Und gegen das Schloss oft wütet.
'Da träumte er in der Nacht,
Von einer Blume blutrot.
Die in das Schloss hat gebracht,
Erweckte alles Leben vom Tod.
'Nach langem, langem Suchen,
Endlich die echte Blume fand.
Eilt über die Schlossstufen,
Und seine Jorindel wieder erkannt.
'Glücklich nun miteinander leben,
Wie anders kann es sein.
Kein Märchen ist's gewesen,
Das Schloss war ihr Daheim.

Sechse kommen durch die Welt (71)

'Es war einmal ein Mann,

Allerlei Künste er verstand.

In den Krieg musste dann,

War gut und sehr gewanndt.

'Als der Krieg zu Ende war,

Bekam nur drei Heller Geld.

Ließ sich nicht gefallen sag',

Damit er doch mehr erhält.

'Voll Zorn ging in den Wald,

Darin einen Kerl sah stehen.

Sechs Bäume rupft mit Gewalt,

Als wären es Halme gewesen.

'Willst du mir gerne dienen,

Sofort stell ich dich ein.

Kannst mit mir weiterziehen,

In die weite Welt hinein.

'Einen von den Bäumen nahm,

Die anderen fünfe binde.

Zuerst nach Hause trag,

Bei dir mich dann einfinde.

'Wir beide kommen durch die Welt,

Und als ein Weilchen gegangen.

Ein Jäger eine Flinte hält,

Zwei Meilen entfernt zu gelangen.

‘Eine Fliege sitzt dort auf dem Baum,
In’s linke Auge ich ihr schieß.
Ein Mensch erreicht das kaum,
Der Soldat ihn zu sich rief.
‘Gern in die Weite gehen mocht,
Kein Wind ein Blättchen regt.
Jemand bläst durch das Nasenloch,
Dass ein Mühlenrad sich dreht.
‘Komm mit wenn’s dir gefallt,
Noch einen sahen im Grase.
Sein Bein hat abgeschnallt,
Damit er nicht schnell rase.
‘Auch der möcht mit dies’ Mal,
Weit ins Land mitgehen.
Über Berge, Bäche und Tal,
Recht froh und frei zu leben.
‘Dafür bin richtig gebor,
Einem anderen begegnet.
Trägt ein Hütchen auf dem Ohr,
Das ihm sehr wunderlich stehet.
‘Wenn er es anders leget,
Die Sonne scheint nicht mehr.
Es schneit oder regnet,
Und frieren tut’s gar sehr.

'Zu sechse gingen in die Stadt,

Wohl überall hin kommen.

Der König bekanntmacht,

Seine Tochter hat angeboten.

'Wer am schnellsten lauf',

So hieß die Königswette.

Erhält sie als Braut darauf,

Der Soldat einen solchen hätte.

'Den Diener für mich laufen lass,

Mein Leben gib zum Pfand.

Doch der legt sich ins Gras,

Weil er es zu einfach fand.

'Als tief im Schlafen war,

Die Wette schon hätte verloren.

Der mit der Flinte ja,

Schoss ihm neben die Ohren.

'Sobald der Läufer aufgewacht,

Rasch schnallt an sein Bein.

Den Sieg hat noch vollbracht,

Dem Soldat die Braut soll sein.

'Der König damit nicht zufrieden,

Weil dieser ein abgedankter Soldat.

Einen Plan will er schmieden,

Wie er alle umzubringen hat.

'In einen Saal sie hineinführt,
Genug zu Essen und Trinken fand,
Darunter aber ein Feuer schürt,
Dass die sechse werden verbrannt.
'Doch der mit seinem Hütchen,
In die Höhe es sogleich hebt.
Die Flammen nichtmehr wüten,
Glücklich ein jeder lebt.
'Der König darüber sann,
Um alle endlich loszuwerden.
Wenn er mit ihnen tauschen kann,
Ob mit Gold zufrieden wären?
'Seinen ganzen Reichtum,
Legt in einen Sack voll Gold.
Ganz leicht der Starke trug nun,
Das hat er so nicht gewollt.
'Will' die sechse gefangen nehmen,
Doch der mit dem Nasenloch.
Ließ so was nicht geschehen,
In die Luft blies die Soldaten doch.
'Alle hatten nun sehr viel Gold,
Kehrten glücklich damit heim.
Der König es nimmer wollt,
Konnten froh und zufrieden sein.

Der Wolf und der Mensch (72)

'Der Fuchs einmal dem Wolf erzählt,
Von des Menschen großen Werke.
Kein Tier auf der ganzen Welt,
Widerstehe seiner Stärke.
'Darauf der Wolf zu ihm sprach,
Wenn nur mal einen sehe.
Dann treffe ihn ein Ungemach,
Sofort auf ihn zugehe.
'Komm Morgen in der Früh,
Ich werde ihn dir zeigen.
Mach dir keine große Müh',
Nur mit List kannst ihn vertreiben.
'Zuerst kam ein abgedankter Soldat,
Ist das ein Mensch, er fragt.
Nein, das ist mal einer gewesen,
Und lebt nun von den Spesen.
'Ein kleiner Junge kam daher,
Ist das ein Mensch, wieder fragt.
Nein, der zuerst noch Schule hat,
Und dann wohl einer wär.
'Endlich kam der Jäger vorbei,
Mit Flinte und Hirschfänger.
Das der Mensch nun sei,
Doch bleiben wollt nicht länger.

'Der Wolf ging auf den Jäger zu,
Dieser ihn sogleich erblickt.
Griff nach seiner Flinte im Nu,
Schoss Schrot ihm ins Gesicht.
'Der Wolf blutet gewaltig schon,
Doch ließ sich nicht abschrecken.
Ganz nahe ihm zu Leibe komm',
Mit den Zähnen heftig blecken.
'Der Jäger zog den Hirschfänger,
Stach hurtig auf ihn ein.
Der Wolf widerstand nicht länger,
Mit Geheul bewegte seine Bein'.
'Als zum Fuchs in die Höhle gelang,
Dieser höhnend zu ihm sprach.
Freund, wie ist es dir ergang,
Er antwortet, mit Weh und Ach.
'So hab' ich's mir nicht vorgestellt,
Dass der Mensch so kräftig sei.
Von den Schultern einen Stock hält,
Darin blies ganz fest dabei.
'Wie Blitz und Hagel traf mich das,
Doch als noch näher kam.
Mir flogen Kugeln um die Nas,
Und eine blanke Rippe nahm.

'Hat diese aus dem Leib gezogen,

Und gab mir einen Hieb.

Ich blutete von unten bis oben,

Fast tot ich liegen blieb.

'Siehst du sprach der Fuchs zu ihm,

Bist doch ein großer Prahlhans.

Mann nennt dich zwar Isegrimm,

Doch zuletzt ziehst ein den Schwanz.

Der Fuchs und die Frau Gevatterin (74)

'Die Wölfin ein Junges zur Welt bracht,

Den Fuchs als Gevatter ließ laden.

Weil doch nahe verwandt, dacht,

Und auch guten Verstand haben.

'Der Fuchs ganz ehrbar sprach,

Liebwerte Frau Gevatterin.

Habt Dank für die gute Sach',

In übergroßer Freude bin.

'Beim Fest ließ sich gut schmecken,

War auch sehr lustig dazu.

Frau Gevatterin tat er necken,

Die beste Nahrung fraß im Nu.

'Das ist unsere löbliche Pflicht,

Zu sorgen für das Kindlein.

Das ist auch meine Sicht,

Fiel die Wölfin darauf ein.

'Zum Bauernhaus gehen hinaus,

Ungehindert können uns verkriechen.

Doch der Fuchs ging um das Haus,

Wollt einige Hähnchen erwischen.

'Die Wölfin kroch in den Stall,

Da lag ein Hund und bellt.

Das hörten in der Gegend all',

Der Bauer darauf halslaut schellt.

'Ertappte Frau Gevatterin gleich,

Doch der Fuchs sich verkroch,

Schlug diese windelweich,

Und mit Lauge übergoss.

'Nur langsam kommt vom Ort,

Weil die Glieder fast zerschlagen.

Winselte in einem fort,

Man konnte es kaum ertragen.

'Der Fuchs vom Platz sich nicht regt,

Zu fressen hätte garnichts bekommen.

Wenn nicht auf dem Rücken trägt,

Das Leben hätt' sich fast genommen.

'So wurde er noch heimgebracht,

Auf der Wölfin gegerbtem Rücken,

Doch innerlich sich ins Fäustchen lacht,

Voll Schadenfreude und Entzücken.

Die Nelke (76)

'Es war mal eine Königin,

Doch Gott hat sie verschlossen.

Deshalb keine Kinder empfing,

Wie sehr sie dies tat hoffen.

'Jeden Morgen in den Garten geht,

Und Gott im Himmel bat.

Um einen Sohn oder Tochter fleht,

Dieses doch bald geschehen mag.

'Da kam ein liebes Engelein,

Sprach, gib dich doch zufrieden.

Du sollst erhalten ein Kindelein,

Mit wünschend Gedanken hinieden.

'Was er sich wünscht wird erhalten,

Dem König diese Botschaft macht.

Dann lasse Gott nur walten,

Und einen Sohn zur Welt gebracht.

'Jeden Morgen am Schlossbrunnen war,

In dem prächtigen Tiergarten.

Den Jungen auf dem Schoße gar,

Um ihn dort gut zu warten.

'Da ging der verschlagene Koch hinein,

Als die Königin gerade schlief.

Raubt ihr das kleine Kindelein,

Mit Blut besschmutzt und rief.

'Ein wildes Tier hat umgebracht,
Das liebe Königskind.
Die Königin hat nicht gewacht,
Und deshalb nimmer find.

'Zuvor hat den Jungen weggetragen,
Zu einer fremden Hebamme hin.
Vom Unglück alle betroffen waren,
Und niemand erkannte den Sinn.

'Der König war ganz entsetzt,
Der Königin eine Strafe verhängt.
Weil sein Kind von Tieren zerfetzt,
In einen Turm in die Tiefe versenkt.

'Ohn' Essen und Trinken schmachten sollt,
Bis zum schmählichen Tod.
Doch der Himmel das nicht wollt,
Engel als Täubchen ihr Essen anbot.

'Als der Junge herangewachsen war,
Der ruchlose Koch ihm befiehl.
Ein Schloss mit Garten wünscht sogar,
Dazu ein Mädchen zum Spiel.

'Das hat er sich so ausgedacht,
Das Mädchen den Jungen töten müsst.
Doch dieses nimmer hat gemacht,
Selbst wenn den Tod verbüßt.

'Als der Bösewicht trat herein,
Nach dem toten Jungen zu sehen.
Der wünscht: Er soll ein Pudel sein,
Mit goldner Kette gewesen.
'Als Heimweh im Herzen spürt,
Nach Hause wollte gehen.
Doch das Mädchen nicht verliert,
Kein fremdes Land will sehen.
'Wünscht sie in eine schöne Nelke,
Die er immer bei sich führt.
Dass niemals sie verwelke,
Und ständig ihre Liebe spürt.
'Als Jäger hat er sich verkleidet,
Zum Schloss des Vaters kam.
Den Turm der Mutter besteiget,
Und sie in seine Arme nahm.
'Zum verlorenen Vater ist gegangen,
Ihm ein Wildbret schenkt.
Erzählt wie Mutter voller Bangen,
Von Gottes Engel gelenkt.
'Wünscht sich das Mädchen zurück,
Aus ihrer verborg'nen Nelkengestalt.
Alle waren erfüllt von Glück,
Das in Ewigkeit widerhallt.

Der alte Großvater und der Enkel (78)

'Es war einmal ein steinalter Mann,

Seine Augen trüb, die Ohren taub.

Die Knie zu zittern begann.

Am Tische zu sitzen nicht erlaubt.

'Den Löffel nichtmehr halten könnt,

Die Suppe schütte auf den Tisch.

Zu reden ihm nie vergönnt,

Den Mund erst abwischen sich.

'Den alten Großvater setzten in die Eck,

Musst essen in irdenen Schüssel.

Von allem sollte er gehen weg,

Und nahmen ihm sämtliche Schlüssel.

'Als einmal seine Hände zittern sehr,

Und er noch einen Teller zerbrach.

Keiner im Haus wollte ihn mehr,

Einen hölzernen Teller ihm gab.

'Der kleine Enkel am Boden saß,

An einem Brettchen schnitt.

Man fragte, warum machst du das,

Und um seine Antwort bitt'.

'Für Vater und Mutter soll's sein,

Wenn sie einmal alt geworden.

Warf er sogleich munter ein,

Sich brauchten nichtmehr zu sorgen.

'Vater und Mutter sahen sich an,

Den Großvater am Tisch ließen setzen,

Ein neues Leben für ihn begann,

Seit heute ihn wieder schätzen.

Der Tod des Hühnchens (80)

'Auf eine Zeit Hühnchen und Hähnchen ging,
Und machten miteinander aus.
Wenn einer einen Nusskern find,
Mit dem andern zu teilen auf.
'Das Hühnchen fand eine große Nuss,
Doch ganz alleine wollt essen.
Und als den Kern schluckt mit Genuss,
Blieb dieser im Halse stecken.
'Schrie laut, Hähnchen ich bitte dich,
Lauf' rasch, Wasser bald hol.
Sonst noch ersticke ich,
Mir ist es schon ganz unwohl.
'Zum Brunnen Hähnchen lief,
Sprach, musst mir Wasser geben.
Der antwortete, auf die Braut wies,
Ihr soll erst rote Seide nehmen.
'Das Hähnchen zur Braut hinkam,
Sobald musst du das tun.
Die Antwort darauf vernahm,
Ein Kränzchen pflück mir nun.
'Von einer Weide das Kränzchen band,
Brachte dieses sogleich zur Braut.
Das rote Bändchen reicht in die Hand,
Und nach dem Brunnen schaut.

'Doch als das Hähnchen angekommen,

Mit Wasser kehrte zurück.

Kein einzigen Ton hat vernommen,

Das Hühnchen war erstickt.

'Ganz traurig Hähnchen war,

Dazu noch sehr laut schrie.

Alle Tiere kamen da,

Beklagten es wie noch nie.

'Sechs Mäuschen einen Wagen machten,

Das Hühnchen zum Grab zu fahren.

Sogar sich selber davor spannten,

Und unterwegs schon waren.

'Ein Fuchs am Wege ward,

Rief, wo wollt ihr hurtig hin.

Mein Hühnchen zu Grabe trag',

Darf ich mitfahren darin.

'Ja, aber setzt dich hinten auf,

Vorne Mäuschen nicht ertragen.

Wolf, Bär, Hirsch, Löwe darauf,

Alle Tiere sind mitgefahren.

'So ging die Fahrt bis an den Bach,

Doch wie sollen wir da hinüber.

Ein Strohhalm sagte, ach,

Mache eine Brücke wieder.

Doch als mitten darüber waren,

Vielen alle ins Wasser hinein.

Große Not haben die Tiere erfahren,

Eine Kohle aber will ihr Retter sein.

'Über's Wasser sich gleich legt,

Wie sie das Nass aber berührt.

Selber zischend untergeht.

Aber ein Stein ihn hinüber führt.

'Das wohl die letzte Hoffnung war,

Dem Hähnchen helfen wollt.

Doch weil zu schwer er gar,

Mit dem Wagen ins Wasser rollt.

'Nun grub Hähnchen alleine das Grab,

Legt Hühnchen fromm hinein.

Ein letztes Gebet noch sagt,

Dabei sehr bitterlich wein'.

'Gott im Himmel sich erbarm',

Ihn in Trauer voll Liebe find.

Sogleich selber ganz umarm,

Im Himmel alle glücklich sind.

Hans heiratet (84)

'Ein junger Bauer einmal war,

Ihn Hans tagtäglich rief.

Dem wollt' sein Vetter werben gar,

Eine Frau, die ganz reich hieß.

'Dich hinter den Ofen setz',

Und lasse gut einheizen.

Hol einen Milchtopf jetz',

Und Brot vom besten Weizen.

'Einen glänzend Heller gab,

Den in der Hand halt fest.

Stück Brot in die Milch brach,

Das ist für dich das best'.

'Der Werber zog dreckig Hosen an,

Ging in das Dorf hinein.

Zu einer reichen Tochter dann,

Für Vetter Hans zu frei'n.

'Ihr bekommt einen guten Mann,

Er ist wacker und sehr gescheit.

Wenn diesen ihn bekam,

Habt Glück für alle Zeit.

'Der geizig Vater fragt,

Wie ist es mit Vermögen.

Hat er Feld und Saat,

Nur dann werd' gern ihn nehmen.

'Lieber Freund, der Werber sagt,

Mein junger Vetter sitzt warm.

Glänzend Pfennig zur Hand hat,

Und ist überhaupt nicht arm.

'Hat nicht weniger Flecken,

Dabei sich auf die Hose schlug.

Danach sich alle recken,

Ist das nicht gut genug.

'Die Hochzeit gefeiert ward,

Die junge Braut auf's Feld mitging.

Der Brautigam den fleckig Kittel trag,

Mit gutem Anzug sonst dreckig bin.

'Zum ersten Feld hinkam,

Schlug sich auf einen Fleck.

An Wald und Wiesen war,

Zeigt auf den Kitteldreck.

'Die Braut ihm gern zusah,

Mein Kopfputz war von Schnee.

Das Kleid Spinnenweb gar,

Die Schuhe Sroh, juchhe.

Die Goldkinder (85)

'Es war einmal ein armer Mann,

Der wohnte mit seiner Frau.

Lebten beide vom Fischfang,

Aus kleiner Hütte sie schau.

'Der Mann beim Wasser saß,

Und seine Fischernetze warf.

Zog einen Fisch heraus,

Der sah ganz golden aus.

'Voll Verwunderung ihn betracht',

Da fing dieser an zu reden.

Werf mich ins Wasser rasch,

Ein prächtig Schloss will geben.

'Was hilft mir solch ein Schloss,

Wenn garnichts hab zu essen.

Mein Hunger ist so groß,

Das kannst du wohl vergessen.

'Im Schlosse steht ein Schrank,

Wenn diesen tust aufschließen.

Viel Speise findest, Gott sei Dank,

Sehr köstliche zu genießen.

'Wenn das so ist, wie gesagt,

Will dir den Gefallen tun.

Eine Bedingung der Fisch hat,

Jedes Wort darüber muss ruh'n.

'Den Fisch sogleich ins Wasser warf,
Und ging vergnügt nach Haus.
Ganz verwunderliche Augen macht,
So prächtig sah alles aus.
'In's große Schloss trat ein,
Seine Frau in der Stube sitzt.
Mit geputztem Kleid, ganz fein,
Klagt, weil nicht's zu essen kriegt.
'Das hat doch keine Not,
Den großen Schrank aufmacht.
Darinnen Kuchen, Wein und Brot,
So wie der Fisch gesagt.
'Nun aßen beide zusammen,
Doch dabei den Mann fragt.
Wie ist das zugegangen,
So lang bis es endlich sagt.
'Als er beantwort das Fragen,
Das Schloss war nicht mehr da.
Im kleinen Häuschen waren,
So wie in jedem Jahr.
'Musst seiner Arbeit nachgehen,
Die Fische tagtäglich fing.
Doch nochmals ist's geschehen,
Der Fisch im Netze hing.

'Auch diesmal ließ ihn schwimmen,
So wie beim letzten Mal.
Von vorne musst beginnen,
Hatte keine bessere Wahl.
'Beim dritten Fang geschehen,
Der goldne Fisch nun sagt.
Nach Haus ihn mitzunehmen,
In zwei Stücke ihn dann tat.
'Daraus zwei goldne Lilien wuchsen,
Dort wo der Fisch gelegen war.
Das Pferd bekam zwei goldne Füllen,
Die Frau goldne Zwillinge gebar.
'Die schönen Kinder wuchsen heran,
In die weite Welt wollten hinaus.
Wie soll das aber geschehen dann,
Wenn nicht finden mehr nach Haus.
'Doch an beiden goldnen Lilien,
Kann sehen sein eigenes Los.
Wenn frisch oder welk geblieben,
Ihr ganzes Leben sich erschloss.
'Beide ritten von Hause fort,
Kamen an ein altes Wirtshaus.
Doch wie erging's ihnen dort,
Wurden verspottet und lachten sie aus.

'Der eine so sehr schämt sich,
In die Welt wollt nichtmehr geh'n.
Aus Elternhaus heimlich schlich,
Der andre nirgendwo zu seh'n.
'Zu einem großen Wald rein kam,
Die Leute ihn hielten zurück.
Denn dieser ganz voll Räuber war,
Wohl ihn lebend nimmer erblick.
'Doch er ritt ganz schnell,
Ließ sich nicht abschrecken.
Dann zog sich an ein Bärenfell,
Zu reiten durch die Hecken.
'Kam durch den dichten Wald,
Bis zu einem Dörfchen klein.
Dort machte endlich halt.
Nicht's schöneres auf Erden zu sein.
'Ein Mädchen darin erblickt,
So was noch nie geseh'n.
Im Herzen voll Liebe entzückt,
Blaue Augen, Haare im Winde weh'n.
'Beide voll Zuneigung entbrannt,
Dem Mädchen reicht die Hand.
Überaus glücklich dieses fand,
Das beide sogleich erkannt.

'Sagt, von Herzen ich dich lieb,
Zur Frau möcht gern dich haben.
Sie in den Armen wiegt,
Und zur Hochzeit ward geladen.
'Der Vater kam nach Haus,
Sah das zottige Bärenfell.
Den Lump will werfen hinaus,
Verschwinde von dieser Stell'.
'Doch das Mädchen voller Liebe,
Besänftigt den Vater sogleich.
Und dadurch stiftet Friede,
Nie von seiner Seite weich.
'Der im Traum sah einen Hirsch,
Dabei ist plötzlich erwacht.
Am frühen Morgen ging zur Pirsch,
Ein großes Unglück ihn überrascht.
'Jagt dem Hirsch in Eile nach,
Durch Wald und Gebüsch.
Bis düsterer Abend anbrach,
Ein Waldhäuschen öffnet sich.
'Davor eine alte Hexe stand,
Fragt diese, habt ihn gesehen.
Den Hirsch, den jagte über's Land,
Doch zu Stein war er gewesen.

'Daheim die Braut ganz bang,
Das wohl eingetroffen wär.
Was voll Angst ahnte dann,
Und das Herz ihr macht so schwer.
'Der andere Bruder aber stand,
Bei der Goldlilie um zu seh'n.
Wie es dem Bruder wohl ergang,
Doch die Lilie scheint einzugeh'n.
'Setzt sich auf sein golden Pferd,
Kam zum großen Wald hinein.
Führt mit sich ein langes Schwert,
Zu schlagen damit drein.
'Die böse Hexe kam heraus,
Doch er dringt auf sie ein.
Ich mach mit dir garaus,
Meinen Bruder will befrein.
'So ward der Bruder erweckt,
Aus Stein wurde wieder Leben.
Was die Hexe ausgeheckt,
Musst wieder zurückgeben.
'Glücklich kehrten beide heim,
Der Vater aber schon wusst.
Die Lilie blühte hold und fein,
Alles ein gutes Ende haben musst.

Das singende springende Löweneckerchen [Lerche] (88)

'Es war einmal ein Mann,

Auf große Reise gehen wollt.

Die Töchter fragte dann,

Was ihnen mitbringen sollt.

'Die älteste Perlen wünschte,

Die zweite gern Diamanten hätt'.

Und die liebste, jüngste,

Ihr eine singende Lerche brächt.

'Wenn ich das bekommen kann,

Dann bring es gerne mit.

Küsste alle Mädchen dann,

Und in die Ferne ritt.

'Auf dem Heimweg der Vater war,

Perlen und Diamanten mitbracht.

Doch die Lerche offenbar,

Hatte nirgendwo gelacht.

'Kam durch einen dunklen Wald,

Darin ein prächtig Schloss.

Auf einem Baum erschallt,

Den Lerchengesang hört doch.

'Ei, du kommst mir gerade recht,

Zu seinem Diener sagt.

Steige hinauf in die Äst,

Die Lerche fangen mag.

'Doch wie zum Baume ging,

Ein grimmiger Löwe sprang hervor.

Wer je meine Lerche fing,

Für immer und ewig ist verlor.

'Das habe ich nicht gewusst,

Der gute Vater spricht.

Und viel Gold geben musst,

Sonst ganz und gar auffrisst.

'Zudem noch schwören soll,

Das erste was ihm begegnen mocht.

Wenn nach Hause komme wohl,

Des Löwen Beute wäre noch.

'Der Vater sehr traurig dachte,

Wenn nach Hause gehe dann.

Die jüngste glücklich lachte,

Sie nähme in seine Arm.

'Und so war es geschehen,

Sein liebstes Kind gern herzt.

Die Lerche konnte geben,

Doch der hohe Preis sehr schmerzt.

'Lieber Vater sei unbesorgt,

Zum Löwen will ich gehen.

Offen sprechen jedes Wort,

Und dann bei ihm gar leben.

'Der Löwe war ein Königssohn,
Durch Zauber gar verwunschen.
Nachts wie alle Menschen schon,
Am Tag in ein Tier gebunden.
'Beide glücklich lebten zusammen,
Man mag es kaum glauben.
Doch wie es weiter gegangen,
Darauf kann jeder bauen.
'Ein hohes Fest der Vater bot,
Dorthin den Löwen abends führt.
Alle waren voller Lob,
Und im Herzen tief gerührt.
'Erzählte ihnen vom Königssohn,
Wie sehr sie diesen liebt.
Seine Herzlichkeit sie so belohn,
Sich in seinen Armen wiegt.
'Doch kein Tageslicht darf scheinen,
Sonst kann nicht schlafen ein.
Die ganze Nacht muss weinen,
Möcht immer ein Mensch doch sein.
'Wenn ein Schimmer dringt hinein,
Wird verzaubert in eine Taube.
Sieben Jahre lang wird's sein,
Und überschattet sein gutes Auge.

'Ach', sagte sie zu ihm,
Geh' doch mit nach Haus.
Ich will dich hüten sieh',
Vor Licht bewahren auch.
'Eine Mauer ließ errichten,
In des Vaters großem Saal.
Und alle Ritzen dichten,
Dass kein Licht hindurchkam.
'Nur die Türe hatte einen Schlitz,
Ein kleiner Strahl drang ein.
Da half ihm alles nichts,
Zur Taube verwandelt zu sein.
'Sogleich flog zur Tür hinaus,
Alle sieben Schritte weit.
Einen Tropfen Blut streut aus,
Was eine weiße Feder zeigt.
'So ging sie diesen immerzu,
In die große, weite Welt.
Hatte nirgends eine Ruh',
Doch nun das Zeichen fehlt.
'Zur hellen Sonne ist gegangen,
Die doch überall hinscheint.
Zur Taube konnt nicht gelangen,
Weil ihre Frage verneint.

'Zum silbern Mond endlich kam,
Der nachts über's Land geht.
Auch der Wind sich nicht besann,
Der durch Baum und Steucher weht.
'Ob der Ost- oder der Westwind,
Auch der nicht von Norden.
Nur der von Süden sich besinnt,
Zum Roten Meer die Taube geflogen.
'Der Nachtwind gab den Rat,
An das rechte Ufer musst gehen.
Große Ruten schneiden ab,
Gegen den Lindwurf kannst bestehen.
'Hernach siehst den Vogel Greif,
Dich auf seine Flügel schwing.
Diese Nuss, wie ich weiß,
In's Rote Meer mitbring.
'Das Meer ist viel zu groß,
Keiner findet da hinaus.
Doch wenn die Nuss läßt los,
Ein Baum wächst da herauf.
'Der Löwe den Lindwurm bezwang,
Beide erhielten menschlich Gestalt.
Der Liebste mit der Prinzessin gelang,
Zum väterlichen Schloss sehr bald.

'Dort sollte glückliche Hochzeit sein,

Weil beide vom Zauber erlöst.

Doch die "Jüngste" immer wein,

Der Geliebte sie ja verlässt.

'Gott hilf mir endlich doch,

Als zur Sonne kam in Leid.

Erhielt ein Kästchen noch,

Darin lag ein Hochzeitskleid.

'Damit zog zum Zauberschloss,

Das Kleid der Prinzessin gefiel.

Durfte sogar dort schlafen noch,

Der Geliebte im Traume blieb still.

'Die "Jüngste" nicht konnt erahnen,

Selbst neben seinem Bette liegt.

Ein Zaubertrunk hielt ihn gefangen.

Wie sehr sie sich an ihn schmiegt.

'Vom Mond hatte noch ein Ei erhalten,

Am nächsten Tag fiel ihr gleich ein.

Zwölf Küchlein in Gold enthalten,

Davon die Prinzessin gebannt zu sein.

'Wiederum im Schloss durft weilen,

An der Stimme erkannte die Braut.

Zu ihr ganz rasch wollt eilen,

Und ihr tief in ihre Augen schaut.

'Heimlich das Schloss verließen,

Den Zauber darin sehr fürchten.

Zum großen Nussbaum hinliefen,

Mit Vogel Greif heimwärts flüchten.

'Dort finden auch das liebe Kind,

Das ihnen in Freuden geschenkt.

Überglücklich beide nun sind,

Leben in Liebe bis zum End.

Die Gänsemagd (89)

'Es lebte einst eine Königin,

Die war schon krank und alt.

Eine Tochter hatte wunderschön,

Versprochen dem Königssohn galt.

'Als die Zeit gekommen war,

Und Abschied nehmen sollt.

Eine Reisetasche packte da,

Köstlich Geräte fein und hold.

'Eine Kammerjungfrau gab ihr mit,

Auch das Pferdchen Falada.

Auf dem so gerne ritt,

Das sprechen konnt sogar.

'Gab in ein Läppchen Tropfen Blut,

Wenn einmal gerate in Not.

Das bewahre bei dir immer gut,

In die zarte Hand hinein bot.

'Als kamen an einen Bach,

Hatte großen Durst gespürt.

Zur Kammerjungfrau sprach,

Doch die Böses im Herzen führt.

'Nicht länger eure Magd will sein,

Steig' selbst vom Pferd herab.

Und füllt euch selber Wasser ein,

Ganz fresch zur Antwort gab.

'Wenn das die Mutter wüsst,

Das Herz tät ihr zerspringen.

Das getränkte Läppchen spricht,

Im Bach tat's abwärts schwimmen.

'Zieh' die königlichen Kleider aus,

Auf Falada musst sofort verzichten.

Bei Gott schwöre nun darauf,

Sonst werde ich dich vernichten.

'Als zum Schlosse ankam,

Die echte Braut keiner sah.

Die falsche der Königssohn nahm,

Sehr garstig und falsch sie war.

'Als Gänsemagd die Königstochter da,

Hat die Gänse vor das Tor zu führen.

Das gute Pferdchen Falada,

Neben dem Tor, statt im Stall zu liegen.

'Der Gänsejunge Kurti hieß,

Mit diesem Gänse hüten ging.

Der ihre goldnen Haare ausriss,

Die Königstochter zu weinen anfing.

'O Falada der du so bangest,

Wenn das die Mutter wüsst.

O Königin die du so gangest,

Ihr Herz zerspringen müsst.

'Die Gänsemagd das täglich sagt,
Wenn am Tor vorbeigegangen.
Der Gänsejunge ihn recht plagt,
Mit diesem Wort konnt verjagen.
'Weh, weh, Windchen,
Höre hin auf mein Wort.
Nimm Kurtis Hütchen,
Und treibe es rasch fort.
'An jedem Tag dieses war,
Der Junge zum Königsvater ging.
Sagte ihm, wie das geschah,
Nicht wusste wie das geling.
'Die Magd zur Rede stellt,
Doch weil sie hoch geschworen.
Es nimmer hätte erzählt,
Sonst wäre sie selber verloren.
'Von ihrer Schönheit betroffen waren,
Ließ setzen in eine eiserne Kammer.
Dass niemand konnte es erfahren,
Wenn sie beweint ihren Jammer.
'Doch durch eine Röhre hat vernommen,
Als Königstochter sei edel geboren.
Die Worte sind so herausgekommen,
Hätte die königlichen Kleider verloren.

So wurde ihr traurig Schicksal kund,
Deshalb ruft sie sogleich heraus.
Königliches Leben war aufgefund,
Für alles Glück und Frieden im Haus.
'Hochzeit fand in großer Freude statt,
Die rechte Gemahlin zog nun ein.
Die Magd aber die böses tat,
Nimmer durft' am Hofe mehr sein.

Der junge Riese (90)

'Ein Bauer hatte einen Sohn,

Nur wie ein Daumen groß.

Zwar gern daheim er wohn,

Wünscht sich ein anderes Los.

'Der Vater wollt ins Feld,

Um darin umzuflügen.´

Der Kleine für gut es hält,

So was würde ihm liegen.

'Bleibe du nur hier daheim,

Könnst dich verlieren zuletzt.

Daumerling bitterlich wein,

In die Hosentasche setzt.

'Auf dem Felde angekommen,

Nahm Daumerling gleich heraus.

Ein Riese vom Berg vernommen,

Und hob den Kleinen auf.

'Der Vater stand dabei,

Bracht keinen Laut hervor.

Vor Schreck schlottern die Bein,

Mein Junge, du bist verlor.

'Der Riese trug ihn fort,

Solch Essen und Trinken ihm gab.

Tagtäglich wurde größer dort,

Dass bald selbst ein Riese ward.

‘Es war nach zwei Jahren,

Der Riese den Däumling bat.

Junge Bäume soll ausgraben,

Mit einer Hand dieses tat.

‘Noch weitere Jahre verstrichen,

Die Riesenkost stets aß.

Dicke Bäume konnte pflücken,

Wie man rupft das Gras.

‘Nun hast du ausgelernt,

Der Riese zu ihm sprach.

Sich von ihm entfernt,

Zum Vater dich aufmach.

‘Der Vater war beim Pflügen,

Der Junge zu ihm sagt.

Laß’ die Pferde liegen,

Vor den Pflug selber trat.

‘Geh’ nur zur Mutter heim,

Allein werde ich es schaffen.

Doch Essen soll machen fein,

Und Bäume will bringen lassen.

‘Als er seine Arbeit getan,

Zum großen Wald ging hin.

Die Pferde noch anspann’,

Dicke Bäume darauf bind.

‘Nach Hause ist gekommen,

Zog die Pferde in den Stall.
Für sie Heu und Hafer genommen,
Und Wasser zum Trinken für all'.
'Nun in die Stube ging,
Setzt sich auf eine Bank.
Die Mutter war ganz still,
Ihren Jungen nicht erkannt.
'Mutter, habe zu essen Lust,
Ist's bald fertig gemacht.
Dazu noch großen Durst,
Zwei Schüssel hat gebracht.
'Auf einmal hat's aufgegessen,
Noch einen Schweinekessel voll.
Das darfst du nicht vergessen,
Wenn ich satt werden soll.
'Für euch ist das zu teuer,
Dass ich kann werden satt.
Sonst bleibt nicht's mehr euer,
Will wandern in die Stadt.
'Einen Stab noch nehme mit,
Aus Eisen und dick muss sein.
Damit er nicht umknickt,
Wie ein Streichhölzelein.
'Als Schmiedgeselle gab sich aus,
Zum Geizhals ist gekommen.

Ob keinen Schmied er brauch,
Der hat ihn aufgenommen.
'Versprach ihm billig Lohn,
Doch auf diesen gern verzicht.
Einen Streich erwider' schon,
Den dieser empfangen müsst.
'Der Meister bracht einen Stab,
Der Junge schlägt feste zu.
Der Ambos tief in der Erde lag,
Der Meister weiß nicht was er tu.
'Zum Amtmann ist gekommen,
Holz hat zu laden im Wald.
Die Bäume hat genommen,
Zu Hause war er sobald.
'Den könnte gut gebrauchen,
Der so schweres tragen kann.
Den lass ich nimmer laufen,
Zum Vormann ihn gleich nahm.
'Einige Zeit dem Amtmann dient,
Die anderen Knechte auszahlt.
Einen Streich von ihm nur kriegt,
Was ausgemacht, das erhalt.
'Doch Angst hatte vor dem Streich,
Seine Untergebenen ließ rufen.
Wie vor diesem er entweich,

Nach einer Lösung zu suchen.

'Niemand sei seines Lebens sicher,

Schlug jeden wie eine Mücke tot.

In den tiefen Brunnen müsst er,

Ein Mühlstein soll retten aus der Not.

'Doch wie er heruntergestiegen,

Rief laut, jagt die Hühner weg.

Als den Mühlstein herunterließen,

Die scharren und kratzen Dreck.

'Den Mühlstein um den Hals band,

Deshalb suchten eine neue List.

Mit manchem Lug auch fand,

In die verwunschene Mühle müsst.

'Dorthin sich gleich begab,

In jeder Tasche steckt zwei Malter.

Zwei Säcke auf den Rücken tat,

Und weitere auf der Brust halt er.

'Die Geister vertrieb bis zum Morgen,

Dann sich gemütlich hat hingelegt.

Macht sich gar keine Sorgen,

In der Frühe gesund und froh aufsteht.

'Doch den Steich noch führte aus,

Gab dem Amtmann einen Tritt.

In die Luft dieser schwebt hinauf,

Doch er geht weg mit festem Schritt.

Der König vom goldenen Berg (92)

'Ein Kaufmann hatte zwei Kinder,
Die waren noch beide sehr klein.
Nicht recht laufen konnten, find er,
Doch glücklich mit ihnen zu sein.
'Zwei reichbeladene Schiffe hat,
Die fuhren weit auf dem Meer.
Darin sein ganzes Vermögen lag,
Nachricht erhielt, versunken sie wär'.
'Statt als ein reicher Mann,
Ein armer war geworden.
Auf seinen Acker gehen kann,
In Gedanken schaut mit Sorgen.
'Langsam über's Feld hinging,
Elend und Unglück zu vergessen.
Zum kleinem schwarzen Männlein hin,
Das gerade eben dort gesessen.
'Das fragt, warum bist so traurig,
Vielleicht dir sogar helfen kann.
Ja, ja, hätte ich diese Aussicht,
Dann wäre viel besser dran.
'Mach dir keine großen Sorgen,
Sollst Geld haben soviel du willst.
Das geschieht schon für dich Morgen,
Ganz vieles du dann gewinnst.

'Dafür musst du mir geben,

Wenn heute kehrest heim.

Was immer auch gewesen,

Dir stößt an's rechte Bein.

'Was soll dieses schon sein,

Der Kaufmann darauf sag'.

In den Tausch schlage ich ein,

Dass im Leben nimmer klag'.

'Als er eilends kommt nach Haus,

Sein Junge an der Bank gewesen.

Und dann wackelt dabei auch,

An's Bein, in die Arme konnt nehmen.

'Ganz betroffen blieb dort stehen,

Dacht an's sonderbar Versprechen.

Das darf doch niemals geschehen,

Oder war es nur ein Spaß gewesen?

'Wohl einen Monat danach,

Auf dem Boden sammelt Zinn.

Um etwas zu verkaufen mach,

Und hat einen kleinen Gewinn.

'Da lagen Kisten voll Gold,

Überglücklich darüber war.

Das Schicksal war ihm hold,

Große Dinge nun plant fürwahr.

'Der Sohn herangewachsen ist,
Den Vater fragt sogleich.
Wie er das verstehen müsst,
Dass sie seien wieder reich.
'Der Vater ihm hat es erzählt,
Vom Männlein auf dem Acker.
Dabei sich aber sehr grämt,
Der Junge aber sagte wacker.
'Lieber Vater sei nicht bang,
Der Böse hat keine Macht.
Solang Gutes tue mein Leben lang,
Der liebe Gott über mich wacht.
'Zum Acker sind beide gegangen,
Dorthin auch der Schwarze kam.
Der Junge wollt keinen Streit anfangen,
Das harte Schicksal auf sich nahm.
'In ein Schiffchen musst sich setzen,
Das der Vater vom Ufer stößt ab.
Sah es versinken mit Entsetzen,
Das Boot nun sei sein Grab.
'Doch darunter der Junge konnt atmen,
Alle glaubten er wäre schon tot.
An fremdes Land endlich gelangen,
War befreit aus aller größten Not.

'Rasch an's trockene Ufer stieg,
Freut sich über gewonnenes Leben.
Ein prächtiges Schloss vor ihm liegt,
Das nur Gott einem kann geben.
'In's verwunschene Schloss eintrat,
Durch alle großen Zimmer ging.
In der allerletzten Kammer lag,
Eine Schlange, zu sprechen anfing.
'Mein Erlöser doch endlich kommt,
Schon zwölf Jahre habe gewartet.
Das wahrlich für mich frommt,
Doch nachts ist voll Spuk entartet.
'Zwölf schwarze Männer erscheinen,
Mit schweren Ketten sind behangen.
Quälen, stechen, schlagen, schreien,
Heftigen, grausamen Kampf anfangen.
'Darfst sprechen kein einzig Wort,
Nur dann wir werden befreit.
Um punkt zwölf Uhr sind alle fort,
Können zufügen keinem mehr Leid.
'In der dritten grässlichen Nacht,
Die Schlange entzaubert ward,
Dann als Königstochter erwacht,
Das Schloss vom goldenen Berg hat.

'Sich einander umarmten und küssten,

So lebten sie vergnügt zusammen.

Nicht's schöneres wohl wüssten,

Einen lieben Jungen beide bekamen.

'Acht Jahre waren bereits verflossen,

Das bedrängende Heimweh ihn quält.

Nachdem so viel Glück genossen,

Zu Vater und Mutter gern gehen wählt.

'Beim Abschied ihm gab mit einen Ring,

Wohin er sich immer auch wünschte.

Dorthin dieser ihn stets bring,

Das wären seine verborgenen Künste.

'Schon war er in der Elternstadt,

Dort wo Vater und Mutter wohnt.

Weil sehr kostbare Kleider anhat,

Den Zugang zum Tor ihm verbot.

'In Gedanken an einen Berg ging,

Ein Schäfer seine Schafe dort hüt.

Von ihm den schmutzigen Rock empfing,

Das kostbare Gewand ihm gibt.

'Durchs Tor nun durfte er ziehen,

Zum ehrbaren Elternhaus heimkam.

In diesem Gewand ihn haben abgewiesen,

Ihn nimmer als Sohn jemals annahm.

‘Doch die Mutter eines wusste,
Ein Mal ist unter seinem Arm.
Sein Hemd hochstreifen musste,
Das wahre Zeichen sogleich vernahm.
‘Der Vater aber, zweifelt daran,
Wohl nie so verlumpt daherkam.
Ihn nicht als seinen Sohn annahm,
Ganz zornig wurde der Junge da.
‘Am verwunschenen Zaubering dreht,
Schon sahen seine Frau und den Sohn.
Voll Staunen waren, dass so was geht,
Doch vergaß das Versprechen schon.
‘Dieses hatte er feierlich gegeben,
Niemals darf sie wünschen her.
Dann könnten nimmer zusammenleben,
Und ihr Herz zerbrechen sehr.
‘Deshalb traurig von Hause ritt,
Bis hin zum fernen Riesenberg.
Drei Riesen miteinander stritt,
Bis schließlich ihn erst bemerk’.
‘Über ihre Erbschaft zanken,
Wer erhalte Mantel, Stiefel, Degen.
Weil Menschen sehr gescheit fanden,
Und fragten ihn auch deswegen.

'Menschen seien doch sehr klug,
Können denken und Gutes tun.
Hätten auch noch großen Mut
Alle drei beraten soll er nun.

'Der Mantel unsichtbar macht,
Mit dem Stiefel könne fliegen.
Den Degen führen mit Macht,
Dass alle am Boden liegen.

'Damit zum goldenen Berg ging,
Denn niemand ihm widerstand.
Das gesamte Königreich empfing,
Seine "Erlöste" ihn glücklich erkannt.

Die Rabe (93)

'Es war einmal eine Königin,

Ein kleines Töchterchen ward.

Auf den Armen es zu kosen fing,

Mit Beinchen stampelt in Unart.

'Raben flogen um das Schloss,

Ungehalten die Mutter´da ward.

Springt hin und her auf dem Schoß.

Sagt, ich wollt du wärst ein Rab'.

'Kaum war das Wort gesprochen,

Das Kind hatte Rabengestalt.

Vergebens war alles Hoffen,

Flog fort über den dunklen Wald.

'Ein Mann in den Wald hinein ging,

Hört' im Busch die Rabe rufen.

Folgte deshalb dieser Stimm,

Um schließlich es aufzusuchen.

'Als in ihre Nähe gekommen,

Sprach sie aus dem Gebüsch.

Bin als Königstochter geboren,

Nicht von ihrer Seite wisch.

'Was soll ich für dich tun,

Du allein kannst mich erlösen.

Durch den Wald geh' immerzu,

Ein Häuschen wird da stehen.

'Davor sitzt eine alte Frau,
Die will dir zu essen geben.
Merke dir es ganz genau,
Garnichts darfst zu dir nehmen.
'Sonst fällst in tiefen Schlaf,
Nimmer mich kannst erlösen.
Um Mittag ich tagtäglich wach,
Bei der Lohhecke werde stehen.
'Am ersten Tag mit Hengsten weiß,
Am andern aber mit vier roten.
Dann noch vier schwarze gleich,
Dort kannst du mich abholen.
'Der Mann versprach das zu tun,
Doch die Alte schenkt ihm ein.
Nimmer wollt es haben nun,
Dennoch schmeckt's ihm fein.
'Es schien der letzte Tag zu sein,
Noch lag in tiefem Schlaf.
Stellt Brot hin Fleisch und Wein,
Nun endlich wurde wach.
'Gar einen Ring ihm angesteckt,
Darin der königliche Name.
Nun wusste wer es hingelegt,
Und ein Brief als Zugabe.

'Darinnen stand zu lesen,
Es steht in deiner Macht.
Du allein kannst mich erlösen,
Doch gebe besser acht.

'Im goldnen Schloss Stromberg,
Dort wirst du mich finden.
Mach dich nun ans Werk,
Dann wird es auch gelingen.

'Durch Wiesen und Felder ging,
Über Berge und durch Täler.
Zu den Riesen endlich hin,
Und machte keine Fehler.

'Ein Riese an seiner Höhle,
Sagt, gut dass du jetz kommst.
Zum Essen ich dich nehme,
Er, hab' was für dich umsonst.

'Damit gab sich zufrieden,
Beim Essen langte tüchtig zu.
Den Weg hat ihm gewiesen,
Nach Stromberg kommt im Nu.

'Drei Räubern noch begegnet,
Die in Streit geraten sind.
Jeder auf sein Erbe bestehet,
Ob er die Lösung noch find?

'Der erste soll den Stock bekommen,
Damit jede Türe öffnen kann.
Der andere hat den Mantel genommen,
Damit sich unsichtbar mache dann.
'Dem letzten das Pferd gehöre,
Auf jeden Berg könnt steigen.
Was für ihn so wichtig wäre,
Die Königstochter zu befreien.
'Stromberg konnt sobald erklimmen,
Den Glasberg ritt rasch hinauf.
Um im Schloss die Tochter zu finden,
Ihre Erlösung erfolgte darauf.
'Mit dem Stock sprang die Türe auf,
Der Mantel ihn unsichtbar macht.
Durchs goldene Schloss nun lauf,
In den großen Saal trat sacht.
'Darin die Königstochter stand,
Voll Sehnsucht den Retter liebt.
Reicht ihm sogleich die Hand,
Und in seinen Armen liegt.
'Das Schloss vom goldnen Berg war,
Vom bösen Zauber jetzt befreit.
Und beide ein glückliches Paar,
Lebten in Frieden alle Zeit.

Die kluge Bauerntochter (94)

'Es war einmal ein Bauer,
Der hatte gar kein Feld.
Auf seine Tochter baut er,
Für alles in der Welt.

'Sprach, wollen den König fragen,
Uns zu geben ein Stückchen Land.
Der wird schon ja dazu sagen,
Dass es erhalten als Unterpfand.

'Der König bald davon hörte,
Eine kleine Wiese ihm gab.
Das niemanden je störte,
Noch jemand bebauen mag.

'Beide fleißig darin schaffen,
Der Vater einen Mörser fand.
Aus purem Gold gelassen,
Nahm diesen in die Hand.

'Dem König will ihn geben,
Die Tochter sagt, tu es nicht.
Doch weil mir gut gewesen,
So sah es aus seiner Sicht.

'Den goldnen Mörser bracht,
Und in Empfang genommen.
Doch nach dem Stößer fragt,
Auch den wollte bekommen.

'In's Gefängnis wurde geführt,

Bis den Stößer schafft herbei.

Hätte auf meine Tochter gehört,

Das war sein einz'ger Schrei.

'Der König dieses vernommen,

Die Tochter vor sich führen lässt.

Ihre Meinung herauszübekommen,

Dabei ihre Klugheit stellte fest.

'Ein Rätsel will dir aufgeben,

Dein Vater kommt dann frei.

Wenn dieses kannst lösen,

Seine Gemahlin sogar sei.

'Zu mir kommt ungekleidet,

Nicht nackt, geritten, gefahren.

Wege innen und außen meidet,

Ob dieses könnte erraten?

'Ging hin und zog sich aus,

Kleidet an ein Fischernetz.

Borgt sich einen Esel darauf,

An den Schwanz die Zehe setz'.

'Etliche Jahre waren verflossen,

Der König zur Parade geht.

Auf die Königin konnte hoffen,

Folgender Fall zu lösen steht.

'Ein Bauer mit seinem Wagen,

Vor dem großen Schlosse hielt.

Um sein Holz bald abzuladen,

Mit drei Pferden und Füllen lieb.

'Zwischen zwei schwere Ochsen geht,

Der Ochsenbauer daher schwört.

Dort wo es sich gerade hingelegt,

Dem es auch immer gehört.

'Zur Königin der Streit gerate,

Dem Pferdbesitzer dieses erlass.

Wenn der König ist zur Parade,

Stell dich mitten auf die Straß.

'So stand am kommenden Morgen,

Der Bauer mit einem Netz.

Fischte dort voller Sorgen,

Und immer wieder tat's jetz'.

'Zur Rede wurde gestellt,

Ob sei nicht ganz gescheit.

Die rechte Antwort erhält,

Ochsen bekommen kein Füllen meint.

'Woher er diese Antwort wüsst,

Doch wollt nicht geben preis.

Aber endlich geben müsst,

Von der Königin es weiß.

'Der König darüber erregt,

Die Königin stellt zur Red'.

Dabei sich sehr überlegt,

Die Königin müsse weg.

'Doch einen Wunsch erfülle,

Den ihr als letztes gäb.

Das sei sein letzter Wille,

Das doch einsehen tät.

'Dem König sagt sogleich,

Das ist mein größter Wunsch,

Nie von deiner Seite weich,

Dieses gab sie ihm auch kund.

'Ihre Liebe auf ewig bleibt,

Das Schicksal sich nie wendt,

Füreinander seien alle Zeit,

Bis hin zum Lebensend.

Der alte Hildebrand (95)

'Es waren Bauer und Bäuerin,

Diese vom Pfarrer gern gesehen.

Dass einen Tag mit ihr zubring,

Und sehr vergnügt gewesen.

'Einmal zur Bäuerin sagt,

Am Mittwoch legst dich' hin.

Und krank im Bette klagt,

Und Sonntag bei dir bin.

'Am Morgen in der Predigt stärk,

Wer Kranke hat daheim.

Mach Wallfahrt zum Gockelberg,

Dann werden gesund sein.

'Im Welchenland das liegt,

Einen Kreuzer denen gibt.

Den Metzerkuchen dort kriegt,

Den der Bauer so sehr liebt.

'Zum Pfarrer nach der Mess',

Sogleich ist er gegangen.

Den Kreuzer nicht vergess',

Hat diesen auch empfangen.

'Der Bauer auf Wallfahrt ging,

Und der Pfarrer sich vergnügt.

Mit seiner liebsten darin,

Dass Gott sie doch behüt.

'Der Gevatter ihm begegnet,
So rasch des Weges bist.
Den Korb vom Rücken hebet,
Setzt hinein es besser wüsst.

'Zum Hause bald ankamen,
Die Bäuerin lautstark singt.
Auf den Gockelberg gegangen,
Zur Wallfahrt ihm zuwinkt.

'Der Pfarrer gibt als Antwort,
Ich wollt er bliebe ein Jahr.
Noch längere Zeit sei fort,
Wir beide wären ein Paar.

'Der Gevatter mit dem Korb,
Setzt diesen auf die Bank.
Gerne übernachte dort,
Sein ganzes Leben lang.

'Doch aus dem Korbe tönt,
Jetzt bin das Singen leid.
Der Pfarrer flüchten geht,
Der Bauer daraus steigt.

Der Bärenhäuter (101)

'Es war einmal ein Kerl, sehr jung,
Als Soldat ließ sich anwerben.
Doch als der Krieg war herum,
Am liebsten wollte sterben.

'Solange der Krieg dauerte,
Bei ihm war alles gut.
Doch um den Abschied trauerte,
Und hatte keinen Mut.

'Seine Eltern waren tot,
Keine Heimat mehr besaß.
Die Brüder bat um Brot,
Doch jeder ihn vergaß.

'Wir können dich nicht brauchen,
Sein Gewehr nahm in die Hand.
Zu sonst war nichts zu taugen,
Und nirgends eine Bleibe fand.

'Ging hin auf die weite Heide,
Setzt sich unter einen Baum.
Tagtäglich sogar Hunger leide,
Das ist sein dunkler Traum.

'Ein Brausen in der Höhe,
Rasch dreht sich um dorthin.
Was ist das, was ich sehe,
Ein Mann in Rock, ganz grün.

'Ich weiß schon was dir fehlt,

Geld und Gut sollst haben.

Doch auf eine Probe besteht,

Dann erhältst erst die Gaben.

'Dass ohne Furcht du bist,

Das muss zu allererst wissen.

Darauf gerne wetten müsst,

Sagt, mit allerbest' Gewissen.

'Wohlan, schau hinter dich,

Der Soldat kehrte sich um.

Ein Bär vor seinem Gesicht,

Der unaufhörlich brumm.

'Oho, rief er ihm sogleich zu,

Nahm die Knarre und zielt.

Seine Schnauze trifft im Nu,

Mit ihm er nimmer spielt.

'Seh' wohl, der Fremde sprach,

Mut für dreie hast genug.

Doch noch eine Prüfung mach,

Dann bist du selbst am Zug.

'Sieben Jahre das Waschen meide,

Noch Bart und Haare kämm.

Keine Nägel dir je schneide,

Und kein Vaterunser nenn.

'Stirbst du in diesen Jahren,
So ist deine Seele mein.
Diesen Rock und Mantel tragen,
Überlebst du, ist alles dein.
'In den Mantel kannst du fahren,
So oft du immer willst.
Geld in Hülle und Fülle haben,
Gut darin schläfst bestimmt.
'Bärenhäuter wurde genannt,
Sich alle vor ihm fürchten.
So zieht er durch das Land,
Niemand ihn je tat grüßen.
'Zu einem Wirt gekommen,
Dort um eine Herberge bitt.
Nie hätte ihn aufgenommen,
Wenn nicht die Dukaten erblickt.
'Das äußerste Zimmer bekam,
Ein Mann weint im Nebenraum.
Der wimmerte dann und wann,
Nach diesem wollte schaun.
'Sein ganzes Hab und Gut,
Das alles hatte dieser verloren.
Zum Leben hätte keinen Mut,
Ach wäre ich doch nie geboren.

'Der Soldat in den Mantel griff,
Schenkte ihm tausend Dukaten.
Will auch etwas tun für dich,
Drei liebe Töchter auf ihn warten.
'Als die ältest ihn darauf sah,
Flüchtet eilig aus dem Haus.
Denn wie ein Bär er war,
Welch Unglück und Garaus.
'Die zweite aber sprach,
Wenn hättest menschlich Gestalt.
Dann ich noch für ihn war,
Um seine Hand nimmer halt.
'Die jüngste aber sagte,
Im Herzen gut muss er sein.
Sich des Vaters so erbarmte,
Er soll deshalb werden mein.
'Der Bärenhäuter meinte,
Eine Weile noch geh in die Welt.
Einen Ring für beide teilte,
Dass diesen in Ehren hält.
'Sieben Jahre sind vergangen,
Vielen Armen geholfen hat.
Seiner sollten sich erbarmen,
Und um ein Gebet er bat.

'Unterm Baum auf der Heide,
Kehrte Bärenhäuter zurück.
Wie der Wind schon erscheine,
Der Teufel mit verdrossenem Blick.
'Die Wette der Soldat gewonnen,
Dazu noch viel Gold und Geld.
Zur wartenden Braut gekommen,
Das wohl niemand für möglich hält.
'Wie hoher Offizier in Uniform,
Gesund und prächtig aussah.
Die Töchter staunten enorm,
Nicht satt an ihm sehen da.
'Doch der jüngsten reicht den Ring,
Im Herzen ganz tief gerührt.
Und ihren Versprochenen gewinn,
Sie sehr bald zu Hochzeit führt.

Der arme Müllerbursch und das Kätzchen (106)

‘In einer Mühle ein Müller lebt,

Hatte weder Frau noch Kind.

Mit drei Knechten das Mahlen geht,

Tagtäglich zusammen sind.

‘Etliche Jahre in der Mühle blieben,

Doch weil der Müller war sehr alt.

Wollt lieber hinterm Ofen liegen,

Und die Mühle verkaufen bald.

‘Für ein Pferd will diese tauschen,

Die drei machten sich auf den Weg.

Zwei Kluge ein Pferd zu kaufen,

Dem Hans jedoch garnichts zusteht.

‘Denn einfältig wie er wohl war,

Für eine Mühle nicht geschaffen.

Das war den beiden sonnenklar,

Und diese Entscheidung trafen.

‘Zu einer großen Höhle kamen,

Darin haben die drei übernacht.

Doch den Hans allein gelassen,

Als er am Morgen erwacht.

‘Die Sonne war aufgegangen,

Der Hans ganz überrascht.

Ach Gott, was soll ich anfangen,

Ganz betroffen für sich dacht.

'Ein kleines, buntes Kätzchen,
Sehr freundlich zu ihm sprach.
Wedelte mit dem Schwänzchen,
Und dich auch glücklich mach.
'Komm', geh sofort mit mir,
Sei sieben Jahre mein Knecht.
Dann kann ich schenken dir,
Und ein Pferd erhältst zurecht.
'Wie soll das möglich sein,
Hans vor sich grübelnd sagt.
Nichts besseres fällt ihm ein,
Den Kopf auch schütteln mag.
'Ins Katzenhäuschen geführt,
Viele Kätzchen sprangen voll Lust.
Das ihn sonderlich anrührt,
Jede eine Arbeit verrichten musst.
'Er selbst soll das Holz hacken,
Das für den Ofen ward gedacht.
Dass alle es gut warm hatten,
An jedem Tag und bei Nacht.
'Denn das die Katzen mögen,
Das liegt in ihrer eignen Art.
Nur so können glücklich leben,
Und Hans recht fleißig ward.

'Ein neues Katzenhaus soll bauen,
Bis die sieben Jahre sind vorbei.
Darüber würde er noch staunen,
Wenn dieses ganz vollendet sei.

'Die Zeit ging rasch vorüber,
Schon war der letzte Tag.
Die Katze sagt ich komm' wieder,
In drei Tagen gewiss sein mag.

'Dann auch sein Pferd erhält,
Das er so gerne doch nehme.
Die Mühle liebt über alle Welt,
Das wohl ein jeder einsehe.

'Zur Mühle war angelangt,
Die zwei anderen Burschen.
Ein jeder mit dem Pferd anhand,
Ihn deshalb verspotten suchen.

'Dem einen seines war blind,
Des anderen lahmt mit dem Bein.
In drei Tagen erst seines find,
Dann würde es treffen ein.

'Eine prächtige Kutsche ankam,
Mit sechs Pferden vorgespannt.
Ein siebtes für Hans selber dann,
Die Prinzessin reicht ihm die Hand.

'Sagt, nur du konntest mich erlösen,

In meinem verwunschen Schloss.

Als eine Katze musste ich leben,

Doch nun ist meine Freude groß.

'Du bist mein wahrer Lebenspreis,

Gerne reiche ich dir zum Pfand.

Mein ganzes Leben als Erweis,

Und meinen allergrößten Dank.

'Doch auf die Mühle verzichte,

Komm mit mir in mein Schloss.

Dass ich die Hochzeit ausrichte,

Glücklich lebten so beide doch.

'Denn nicht Können und Verstand,

Sind das allerhöchste im Leben.

Sondern Vertrauen und Anstand,

Gerne sollen einander geben.

Die beiden Wanderer (107)

'Berg und Tal sich nicht begegnet,

Wohl aber alle Menschenkinder.

So ein altes Sprichwort redet,

Gute und böse immer wieder.

'Ein Schuster und ein Schneider,

Sind einmal zusammengekommen.

Auf einer Wanderschaft beider,

Der Schneider ein Spottlied begonnen.

'Nähe mir die Naht,

Ziehe mir den Draht.

Streich ihn rechts und links mit Pech,

Schlag, schlag mir fest des Zweck.

'Der Schuster den Spaß nicht vertrug,

Macht deshalb ein bitteres Gesicht.

Als tränke Essig aus einem Krug,

Diesen Spott kann vertragen nicht.

'Der Schneider fing an zu lachen,

Reicht ihm eine Flasche hin.

Nichts böses wollt ich machen,

Schluck deine Galle innen drin.

'Das Gewitter im Gesicht verzogen,

Als den Tropfen getrunken hat.

Dem war ja immer gewogen,

Doch wer nach dem Durste fragt.

'Eine zeitlang beide wandern,
Kamen in einen großen Wald.
Zwei Wege zu gehen fanden,
Einer zwei, andrer sieben Tage galt.

'Unterm Eichenbaum sich setzen,
Ratschlagen dann wieviel Brot.
Ein jeder mitzunehmen hätten,
Zu überstehen die tägliche Not.

'Weiter man bedenke, als man gehe,
Das mit Bedacht der Schuster sagt.
Doch soviel auf den Rücken lege,
Der Schneider sich nimmer plagt.

'Im tiefen Wald war es sehr still,
Kein Wind, Bach noch Vogel,
Der Schuster trug sehr viel,
Der Schneider lachte nobel.

'Es war bereits der dritte Tag,
Der Schuster hat genug zu essen.
Doch dem Schneider garnichts gab,
Denn der hatte alles vergessen.

'Aber am fünften Wandermorgen,
Der Schneider nichtmehr aufstand.
Der Schuster hat keine Sorgen,
Und für selbstverschuldet fand.

‘Des Schneiders Backen ganz weiß,
Die Augen tief eingefallen und rot.
Doch kein Stück Brot gab ihm gleich,
Und wenn dieser noch würde tot.
‘In der Früh am siebenten war’s,
Doch reicht ihm ein kleines Stück,
Wohl als das rechte Maß.
Dazu einen Stock gab mit.
‘Alleine ging des Weges her,
Der Schneider blieb zurück,
Für ihn war der Weg zu schwer,
Unter Durst und Hunger litt.
‘Als die Sonne unterging,
Schleppt sich aus dem Wald.
Wo ein alter Galgen hing,
Dort schlief er ein recht bald.
‘Die Sonne am Himmel stand,
Wusste nicht einmal wo er lag.
Zwei Sünder am Galgen fand,
Auf jedem eine Krähe saß.
‘Eine fing an zu sprechen,
Bruder, wachst du schon.
Hast doch nicht vergessen,
Was hältst du eigentlich davon.

'Wenn das die Gehangenen wüssten,
Wenn der Tau vom Galgen fällt.
Das Leben wieder erhalten müssten,
Doch das weiß keiner auf der Welt.
'Der Schneider kriecht gleich hin,
So rasch er eben noch kann.
Nun wieder sehr glücklich bin,
Dass er neues Leben gewann.
'Kniete ganz fromm sich nieder,
Sprach im Herzen ein Dankgebet.
Die schöne Welt hat mich wieder,
Das Glück ihn fröhlich bewegt.
'Das erste, was ihm begegnet,
Das war ein braunes Füllen.
Du kommst mir wie gesegnet,
Meinen Wunsch noch zu erfüllen.
'Ach nein, bin noch zu klein,
Lasse mich wieder laufen.
Wenn ich älter bin, stell mich ein,
Als Pferd mich zu kaufen.
'Indem schritt ein Storch daher,
Griff diesen fest am Bein.
Der stellte sich zur Wehr,
Lass doch diesen Unfug sein.

'Denn ein heiliger Vogel ich bin,
Für Menschen immer da zu sein.
Bedenke das in deinem Sinn
Sagt, zieh ab, du guter Langbein,
'Am Teich paar junge Enten schwimmen,
Ihr kommt mir gerade wie gerufen.
So kann eine gute Mahlzeit beginnen,
Sagten, uns aber darfst nicht rupfen.
'Haben ganz kleine Kinder noch,
Für die wir tagtäglich müssen sorgen,
Vor Hunger sterben sie doch,
So grausam kannst nicht morden.
'Kehrt um, vor einem Baume stand,
Sah wie die Bienen fliegen.
Viel Honig bald bei ihnen fand,
Sagten, lass unsere Waben liegen.
'Mit ganz ausgehungertem Magen,
Erreichte endlich die große Stadt.
Zu Mittag die Glocken einladen,
Und ein Gasthaus gefunden hat.
'Reichlich hat sich gütlich gesättigt,
Einen Meister sogar noch fand.
So wurde schließlich bestätigt,
Weil gutes Herz und flinke Hand.

'Wie ist es dem Schuster ergangen,
Der den Kamerad im Stiche ließ.
Auch dieser brauchte nicht zu darben,
Sogar am Hofe der Meister hieß.
'Doch als den Schneider erblickt,
Sein schlechtes Gewissen sich regt.
Doch selbst ändern wollt sich nicht,
Ihm deshalb eine böse Grube gräbt.
'In Bosheit zum König gegangen,
Ihn dort unrecht beschuldigt sehr.
Die Krone der Schneider erlange,
Und der König nicht rechtschaffen wär.
'So musste er eine Krone schneidern,
Doch welcher Mensch solches kann.
Wollt nicht mehr in der Stadt weilen,
Und allen den Rücken kehren dann.
'Am Teich kam zu den Enten,
Diese erkannten ihn sofort.
Und ihn sehr traurig fänden,
Fragen, was ihn bedrücke dort.
'Erzählte was er soll schaffen,
Die kostbare Königskron.
Das ließe sich leicht machen,
Auf dem Grunde läge schon.

'Dem König brachte die Kron',
Der schenkte ihm eine Kette.
Als großen Dank und Lohn,
War glücklich diese hätte.
'Des Schusters Steich misslungen,
Doch eine zweite ausheckt.
Der Schneider in Wachs gewunden,
Das königliche Schloss zuletzt.
'Auch diesmal zum Tor gegangen,
Dort, wo der Baum mit Bienen stand.
Die solches für ihn sofort anfangen,
Weil seine Großmut hatten erkannt.
'Ein drittes Mal wurde verklagt,
Wie Kristall zaubere einen Wasserfall,
Das hätte er eigens gesagt,
Darüber staunten alle zumal.
'Aber das Glück nicht lange dauert,
Dem König hat herbeizuschaffen.
Und wenn es auch gezaubert,
Mit einem Sohne wollt lachen.
'Dafür erhielte die ältest' Tochter,
Doch wie kann er solches tun.
Gewiss dieses gerne mocht er,
Kann er dann in Frieden ruh'n.

'Schon hat den Ranzen gepackt,
Zur Stadt will eilends hinaus.
Doch der Storch ihn noch erfasst,
Will noch danken dir darauf.
'Heute möchte ich dir geben,
Weil mir Verschonung anbot.
Unter Tränen der Schneider eben,
Erzählte von seiner großen Not.
'Das kann ich als Storch dir bringen,
Einen Jungen ganz wunderschön.
Das wird mir sehr leicht gelingen,
Und du mit der Königstochter geh'n.
'Große Hochzeit ward gehalten,
Der Schneider als Prinzgemahl.
Wer hilft und Gott lässt walten,
Alles Glück wird auch ihm zumal.

Hans mein Igel (108)

'Es war einmal ein Bauer,

Der hatte Gut und Geld.

Dennoch er bedauer,

Weil keine Kinder erhält.

'Ich will ein Kindlein haben,

Zu seiner Frau trotzig sagt.

Selbst wenn es Igel waren,

Dann er auch nicht mehr klagt

'Nach Monaten endlich find,

Seine Frau zu einem Kindelein.

Einen Kopf hat wie ein Igelkind,

Sonst scheint ein Junge zu sein.

'Siehst du, was du gewünscht,

Das ist in Erfüllung gegangen.

Das sagte sie bedauernd jüngst,

Was sollen wir mit ihm anfangen.

'Es wurde Hans mein Igel getauft,

In keinem Bettchen konnte liegen.

Wegen seiner langen Stachelhaut,

Hinterm Ofen lag, statt in Wiegen.

'Auch konnte nicht recht trinken,

Auf seiner lieben Mutter Schoß.

Abscheulich tat noch stinken,

Und einen jeden stechen blos.

'Acht Jahre so in der Stube war,

Der Vater ging auf den Markt.

Für jeden etwas mitbringen gar,

Und auch das Hänschen fragt.

'Vater, bring mir einen Dudelsack,

Und gehe damit zum Schmied.

Dann einen Gockelhahn beschlag,

Und keiner mich jemals sieht.

'Hans mein Igel setzt sich darauf,

Und reitet auf dem Hahn sofort.

Nimmt Schweine und Esel auch,

So wandert er von Ort zu Ort.

'An einen großen Wald hin kam,

Der Gockelhahn flog auf den Baum.

Hans den Dudelsack hervornahm,

Spielte so schön wie im Traum.

'Einmal der König vorbeifuhr,

Weil sich hatte im Wald verirrt.

Fand keine einzig rechte Spur,

Die ihn dann nach Hause führt.

'Erstaunt hörte die schöne Musik,

Sieht auf dem Baum den Spieler.

Fragt ihn, wo der rechte Weg liegt,

Und unterbrach Hänschen's Lieder.

'Das ihm gerne Hans wohl sage,
Doch zuerst müsse unterschreiben.
Was ihm zuerst begegnet habe,
Das sollte für ihn auch bleiben.
'Das sehr gerne würde er tun,
Denkt dabei, wenn ich bin daheim.
Vor ihm habe dann meine Ruh'
Und bin auch wieder ganz frei.
'Doch wie er kam nach Haus',
Seine Tochter hüpft auf einem Bein.
Küsst ihn und freut sich darauf,
Auf des Vaters Arm zu sein.
'Doch der König sich erinnert,
Was in Not unterschrieben hat.
Wurde im Herzen tief bekümmert,
Und sie deshalb den Vater fragt.
'Er erzählte, wie im tiefen Wald,
Als hatten sich ganz verirrt.
Wo kein Laut mehr hinschallt,
Jemand auf einem Gockel ritt.
'Mit einem Dudelsack Musik macht,
Die so wunderschön erklingt.
Auf keinen Weg mehr gebe acht,
Und das Herz in Freuden singt.

'Die Königstochter sich sagt im Herzen,

Wenn jemand solches vollbringt.

Niemanden kann bereiten Schmerzen,

Zu diesem ganz gerne hinfind.

'So war Hans ihr sehr willkommen,

Und sogleich zur Hochzeit bereit.

Alle Fürsten von ihm eingenommen,

Mit Musik auf dem Gockel reit'.

Es geschah' in der dunklen Nacht,

Im Schlafgemach der beiden.

Hans seine Stachelhaut abmacht,

Um vor dem Bette auszubreiten.

'Lässt die Knechte rasch rufen,

Die Stachelhaut zu verbrennen.

Das taten sie gerne im Guten,

Und zum König sich bekennen.

'Glücklich lebten beide allezeit,

Zumal Hans endlich erlöset war.

Jetzt und noch in alle Ewigkeit,

So Hans mein Igel ist wunderbar.

Der Jude im Dorn (110)

'Einmal ein Reicher war,

Der hatte einen Knecht.

Fleißig und redlich gar,

Doch nichts macht ihm recht

'Drei Jahre bei ihm gedient,

Saubere Arbeit stets verricht.

Dafür aber garnichts kriegt,

Nicht länger sich verpflicht.

'Der Geizhals gab ihm drei Heller,

Ein Spottlohn für jedes Jahr.

Der Knecht kein Linsenzähler,

Doch endlich von ihm war.

'Lustig zog bergauf bergab,

Sprang hoch nach Herzenslust.

Ein kleines Männlein vor ihn trat,

Sagt, mir etwas geben musst.

'Bin sehr arm und krank dazu,

Deshalb flehe ich dich sehr an.

Vergelte es dir auch im Nu,

Wenn sogleich mir helfen kann.

'Der Knecht hatte ein gutes Herz,

Gab ihm her all seinen Lohn.

Weil bist voll großem Schmerz,

Damit wohl helfe ich dir schon.

'Auch du sollst was haben,

Das kleine Männlein sagt.

Dieses sind meine Gaben,

Fiedel und Rohr ihm bracht.

'Noch kannst um etwas bitten,

Wenn befindest dich in Not.

Dann hast du ausgelitten,

Und geschehen ist's bei Gott.

'Herz was begehrst du noch,

Der Knecht zog lustig weiter.

Wie schön das Leben doch,

Blieb froh und dabei heiter.

'Ein Jude ihm darauf begegnet,

Mit seinem langen Ziegenbart.

Auf dem Wege ruhig stehet,

Hört zu der herrlichen Vogelart.

'Wenn dieses doch mein wäre,

Überglücklich könnte ich sein.

Der Knecht blies in die Röhre,

Der Vogel fiel in die Dornen rein.

'Hol' dir den Vogel doch heraus,

Der lustig Knecht zu ihm sagt.

Die gute Fiedel packte aus,

Zu geigen wohl nach eigner Art.

'Strich hin und her den Bogen,

Der Jude hüpft auf und ab.

Sodass bald fiel zu Boden,

Und das Tanzen nimmer mag.

'Sooft die zarte Fiedel strich,

Mit einem Bein auf's andere.

Der arme Tropf bewegte sich,

Dass immer höher wandere.

'Geb' dir alles was ich hab',

Lass nur das Geigen sein.

Du bringst mich sonst ins Grab,

Und muss selber darüber wein'.

'So erhielt der lustige Knecht,

Einen Beutel voll mit Gold.

Dem Juden war's nicht recht,

Und nimmer hätte es gewollt.

'Zum Richter ging in die Stadt,

Mit zerrissenem Anzug geraten.

Den Knecht angeklaget hat,

Geraubt hätte seine Dukaten.

'Der Knecht wurde aufgegriffen,

Hart verurteilt für den Strang.

Das Gold im weggerissen,

Sollte leben nicht mehr lang.

'Doch einen Wunsch er liebte,

Als zum Galgen wurd' hingeführt.

Die Fiedel noch einmal spielte,

So wie es sich doch gebührt.

'Der Jude rief ganz laut aus,

Lasst dieses doch nimmer zu.

Doch keiner störte sich darauf,

Die gute Fiedel zupft im Nu.

'Nun mussten alle tanzen,

Wie er den Takt anschlug.

Selbst Soldaten mit Lanzen,

Das niemand mehr ertrug.

'Erst als sie alle versprachen,

Dann mit Spielen wird aufhören.

Gnade vor Recht sein zu lassen,

In Frieden nach Hause gehen.

Der gelernte Jäger (111)

'Einmal ein junger Bursche war,

Als Schlosser hat gelernt.

Zu seinem alten Vater sprach,

Möchte gehen in die Fern.

'Der gab ihm Geld auf die Reis',

Da begegnet ihm ein Jäger.

In einem guten grünen Kleid,

Das werde auch ich später.

'Den Jägersmann nun fragt,

Nimmst mich auf in die Lehre.

Dieser hat ihm gleich zugesagt,

Wenn gut lerne, bald Jäger wäre.

'Als Lohn nach einem Jahr,

Erhielt eine wundersame Büchse.

Mit dieser alles treffen klar,

Und im Leben ihm viel nütze.

'In einen dunklen, tiefen Wald,

Wo ganz hohe Bäume standen.

Auf einen solchen setzt sich bald,

Und viele, viele Tiere kamen.

'Um Mitternacht doch erblickt,

Ganz weit, ein kleines Licht.

Klettert und sich anschickt,

Es bekomme zu Gesicht.

'Von Ast zu Ast immer munter,
Dann zog geradeswegs fort.
So lief er rasch hinunter,
Zu erreichen diesen Ort.
'Ein gewaltig Feuer erkannte,
Drei kräftig Riesen saßen darum.
Ein Ochse am Spieß brannte,
Nach einem Stück einer fasste nun.
'Das der junge Jägersmann sah,
Die Büchse nahm zur Hand,
Das Fleischstück traf sogar.
Sein Bruder als Ursach' fand.
'Na ja, nehme ein anderes,
Wollt stecken in den Mund.
Auch diesmal geschah es,
Aus seinen Zähnen verschwund.
'Das muss ein guter Schütze sein,
Der den Bissen mir wegschieß'.
Komm zu uns, schlag mit ein,
Und das Leben uns versüß.
'Im Wald stand ein gewaltiger Turm,
Darin die Königstochter wohnt.
Den nehmen wir bald im Sturm,
Und die Jungfrau rauben wollt.

'Doch ein kleines Hündchen liegt darin,
Sogleich fängt es an zu bellen.
Dafür noch eine Lösung find,
Durch Töten dieses abzustellen.
'Im Schloss es mäuschenstill war,
Der König und Familie schliefen.
Ein Säbel an der Wand hängt da,
Aus Silber und mit Königssiegeln.
'Der Jäger diesen an sich nahm,
Trat ein ins Gemach der Tochter.
Seinen Atem hielt ganz lang an,
Wohl schöneres je sehen konnt er.
'Nie darf die unschuldige Jungfrau,
In der Gewalt der Riesen sein.
Und ihren bösen Sinn durchschau,
Deshalb muss ich sie befrein.
'Vom goldgewirkten Halstuch,
Schnitt ein kleines Teilchen ab.
Und den rechten Pantoffel such,
In seinen Ranzen sogleich tat.
'Die Riesen bei sich glauben,
Als Gefangene die Tochter sei.
Und alles wollten ausrauben,
Schlug mit dem Schwert zu Brei.

'Beim Lärm der König erwacht,

Als erster erkannte die Not.

An seine Tochter hat gedacht,

Doch die drei Riesen waren tot.

'Der Jäger aus dem Ranzen holt,

Hab' gut für die Tochter gewacht.

Seine Beweise darauf anbot,

Den Schal und Pantoffel betracht.

'So waren alle glücklich frei,

Von den Riesen blieben verschont.

Die Hochzeit war zur rechten Zeit,

Der junge Jäger gütlich belohnt.

Der Dreschflegel vom Himmel (112)

'Ein Bauer mit zwei Ochsen,

Zum Pflügen führ hinaus.

Am Tor aber blieben stopfen,

Mit den Hörnern stoßen darauf.

'Ein Metzger des Weges kam,

Die Ochsen sogleich verkauf.

Einen Sack Korn dafür gewann,

Ein Körnchen verlor beim Tausch.

'Am frühen Morgen ging zurück,

Das winzig Körnchen zu finden.

Einen riesigen Baum erblick',

Zum Himmel sich tat winden.

'So rasch das Korn gewachsen,

Und deshalb bei sich dacht.

In die Höhe kannst du kraxen,

Und dabei im Herzen lacht.

'Zum Himmel hinein steig',

Dann bin als erster droben.

Und weiß darüber Bescheid,

Wie es aussieht dort oben.

'Schaut in den Himmel hinein,

Das doch wohl alle möchten.

Sah wirklich kleine Engelein,

Wie sie den Hafer dreschen.

'Ein Flegel hat mitgebracht,
Bis hinunter auf die Erd.
Sich keine Gedanken macht,
Wie es einmal sein werd'.

Die klare Sonne bringt's an den Tag (115)

'Ein armer Schneidersjung,
Der keine Arbeit fand.
In der Welt irrte herum,
Die er noch nicht gekannt.

'Einem Juden da begegnet,
Von ihm verlangt das Geld.
Doch der mit Armut gesegnet,
Nur acht Pfennig bei sich hält.

'Der Schneider schlug ihn nieder,
Die Sonne bringt's an den Tag.
Sagt der Jude immer wieder,
Bis dass dieser tot da lag.

'Viele Jahre waren vergangen,
Frau und liebe Kinder hatte.
Im Kaffee Lichter strahlen,
Hin und her warfen Schatten.

'Die Sonne bringt's an den Tag,
Betroffen vor sich hinsagte.
Das niemand verstehen mag,
Es seiner Frau nun klagte.

'Aber keinem es je erzähl',

Den Mord den damals verübt.

Nur die Nachbarin einlädt,

Die es ganz sicher behüt.

'So haben alle erfahren,

Die Untat die er getan.

Doch wohl nicht aussprachen,

Nie Frieden und Glück bekam.

Das blaue Licht (116)

'Es war einmal ein Soldat,

Lange Jahre hatte treu gedient.

Viele Wunden erhalten hat,

Doch der König dies' nicht sieht.

'Du kannst nun heimgehen,

Ich brauche dich nicht mehr.

Keinen Lohn will dir geben,

Weil garnicht's leistest sehr.

'Voll Sorgen ging er fort,

Bis an einen Wald er kam.

Ein Licht erstrahlte dort,

Zu einer alten Hex' gelang.

'Gib' mir ein Nachtlager,

Etwas zu Essen und Trinken.

Am verschmachten war er,

Die Alte tat ihm zuwinken.

'Wenn arbeitest am andern Tag,

Den Garten mir umgrabst.

Dir dann auch geben mag,

Der Soldat darauf zusagt.

'Doch weil er nicht fertig ward,

Noch graben musste weiter.

Einen Brunnen ausheben tat,

Hinunter stieg mit der Leiter.

'Den Boden machte fest,

Dass Wasser soll hinein.

Die Hex' ihn nicht herauslässt,

Seine letzte Stunde zu sein.

'Ergab sich in sein Schicksal,

Zünd' an seine Tabakspfeif'.

Das ist wohl meine letzte Wahl,

Ein Männlein daraus entweich.

'Stehe immer zur Verfügung,

Was auch stets sei dein Will'.

Und diene bei aller Fügung,

Aus dem Rauch der Pfeife quill'.

'Aus dem Brunnen helfe mir,

Es nahm ihn bei der Hand.

Führt ihn von Tür zu Tür,

Bis endlich nach oben fand.

'Staunte über alle Schätze,

Die Hexe dort hat versteckt,

Ja, wenn ich diese hätte.

Dann ging's mir wie geleckt.

'Betrat das beste Gasthaus,

Schönste Kleider noch bestellt.

Darin sah ganz prächtig aus,

Und die feinsten Speisen erhält.

'Der König wird wohl staunen,
Denn Unrecht hat an mir getan.
Seine Tochter werde rauben,
Mit blauem Licht das kann.

'Zünd an sein kleines Pfeifchen,
Das Männlein schon erscheint.
Gab ihm darauf ein Zeichen,
Zum Schloss ist bald geeilt.

'Die Königstochter überrascht,
Bringt in des Soldaten Kammer.
Schaffen musste sie bei Nacht,
Sehr groß war ihr Gejammer.

'Am Morgen in aller Früh',
Brachte die Tochter zurück.
Schläfrig und müd war sie,
Voll Verwunderung sich umblick'.

'Darauf ihrem Vater erzählt,
Was für einen schrecklichen Traum.
Der eine gute List nun wählt,
Und auf Erbsen will vertraun.

'Das Männlein dies' durchschaut,
Erbsen streut in allen Gassen.
So sehr sie ihn suchen auf,
Der Soldat war nicht zu fassen.

'Doch dieses hat nicht geahnt,
Ihren Schuh bei ihm ließ stehen.
Obwohl vom Männlein gewarnt,
Er sie dennoch muss holen gehen.
'Den verborgenen Soldaten fanden,
In den dunklen Kerker geführt.
Und am Galgen sollte hangen,
Noch eine Bitte ihm wohl gebührt.
'Darf doch bevor ich sterbe,
Dass mein Pfeifchen zünde.
Der König ihm gern gewähre,
Und so die letzte Gnade finde.
'Als des Pfeifchens blaues Licht,
Über dem Galgen bald erschien.
Das Männlein war schon in Sicht,
Und alle fürchten sich vor ihm.
'Darauf willigte der König ein,
Der Soldat erhält seine Tochter.
Als Lohn und Glück zu sein,
Denn sehr gerne mocht er.

Die sieben Schwaben (119)

‘Sieben Schwaben waren beisammen,

Alle hatten sich vorgenommen.

Durch die ganze Welt zu gelangen,

Große Abenteuer dann begonnen.

‘Einen langen Spieß mitnahmen,

Ihr ihrer weiten Wanderschaft.

Dass keine Angst bekamen,

Selbst wer darüber lacht.

‘Im Heumonat es geschah’,

Nach einem weiten Weg.

Übernachten mussten da,

Und alle sich bald hingeleg’.

‘Ein Hirschkäfer oder Hornisse,

In der Dämmerung brummt vorbei.

Der erste erschrak in der Wiese,

Tat einen entsetzlichen Schrei.

‘Rasch griff nach dem Spieß,

Dass zum Angriff bereit sei.

Hocht, Horcht was da flieg’,

Wohl von Pulver und von Blei.

‘Die Flucht schon ergreift,

Sprang rasch über den Zaun.

Ein Rechen dort liegenbleibt,

Schlägt auf ihn wie ein Baum.

'Die anderen wie von Sinnen,
Glauben es sei ein Feind.
Rauften einander und springen,
Erkannten den eigenen Freund.
'Eine weitere gefährlich Geschicht,
Geschah nach etlichen Tagen.
Ein Ungeheuer haben gesicht,
Wie von einem riesig Hasen.
'Doch gläserne Augen hat,
Lange Ohren weit hoch streckt.
Hielten deshalb einander Rat,
Was wohl dahinter steckt.
'Stoß' zu in aller Namen,
Sonst ist's um uns gescheh'n.
So sprachen die Schwaben,
Das haben wir noch nie geseh'n.
'Auf den "Drachen" gingen los,
Den Spieß alle zur Hand.
Was für ein Teufel bloß,
Und was der rennen kann.
'Den Hasen nicht gefangen,
Der Schwabenbund doch blieb.
Zur Mosel sie nun gelangen,
Doch das Wasser ist zu tief.

'Der Fährmann stand gegenüber,

Nicht konnten die Sprache versteh'n.

Wat, wat rief immer wieder,

In's Wasser glaubten zu geh'n.

'So wurden sie nimmer gesehen,

Der Schwabenbund war entzwei.

Auch manches zu Ende gehen,

Mit viel Angst und groß Geschrei.

Der Königssohn, der sich vor nichts fürchtete (121)

'Es war einmal ein Königssohn,
Dem gefiel es nicht daheim.
Gar keine Furcht in ihm wohn,
In die weite Welt wollte hinein.
'Von seinen Eltern Abschied nahm,
Früh morgens bis abends ging.
An eines Riesen Haus bald kam,
Davor setzte sich sogleich hin.
'Auf dem Hof ein Spielzeug stand,
Kegeln, wie ein Menschen so groß.
Eine mächtige Kugel nahm zur Hand,
Und schob diese darauf los.
'Der Riese hörte den starken Lärm,
Wer spielt mit meinem Kegel?
Geh' weiter zu, bis in die Fern,
Sonst nimm ich dir das Leben.
'Du Klotz, meinst wärst stark allein,
Überlegen einem Menschenkind.
Das darf garnicht möglich sein,
An mir das ganz sicher find.
'Wenn das so ist dann bringe mir,
Den Apfel vom Lebensbaum.
Meine Braut möcht haben dafür,
Das wäre ihr liebster Traum.

'Der Garten in dem der Baum steht,

Umgeben ist vom eisernen Tor.

Wildes Tier sich hin und her bewegt,

Als Wächter stehen davor.

'Gelangst du in den Garten hinein,

Am Ast hängt ein eiserner Ring.

Vor dem goldnen Apfel zu sein,

Deinen Arm dadurch zwing.

'Von dem Riesen ging nun weiter,

An Bergen, Täler, Feld und Wald.

Blieb immer lustig froh und heiter,

Den Wundergarten fand recht bald.

'Ohne Mühe stieg über den Zaun,

In der Mitte des Gartens nun war.

Klettert auf den wundersamen Baum,

Den goldenen Apfel leuchten sah.

'Seinen Arm steckt durch den Ring,

Einen ganz festen Schlag erhielt.

Doch den Apfel schnell wegbring,

Und der Reif um den Arm fest liegt.

'Gewaltige Kraft danach spürte,

Zum eisernen Gitter dann kam.

Das gewaltige Tor zahrt berührte,

Gleich öffnet es sich sodann.

'Davor saß der mächtige Löwe,
Kommt ganz langsam auf ihn zu.
Wie ein Hund, garnicht böse,
Auf seine Worte hört im Nu.
'Den Apfel dem Riesen brachte,
Der wollte ihn reichen der Braut.
Doch diese gleich dazu sagte,
Den Armring hät' lieber geschaut.
'Der Riese ist nun hingegangen,
Den Armring will erhalten sogleich.
Sonst den Kampf will anfangen,
Er dann dieses doch erreich.
'Durch die Zauberkraft des Ringes,
Ihn nimmer konnte je bezwingen.
Doch wie nur solches ging es,
Eine List nur kann ihn mir bringen.
'Den Kampfe wohl nicht bestehe,
Im Flusse will sich erfrischen.
Der Königssohn den Ring ablege,
Und konnte ihn so erwischen.
'Diesem nun überlegen war,
Bis hin zum Felsen drängt.
Der Löwe das sogleich sah,
Bewahrte ihn vorm bösen End'.

'Für diese große Gnade,
Bedankte er sich bei Gott.
Dass der Löwe ihn bewahrte,
Vor dieser allergrößten Not.
'Zum Schloss ist er gekommen,
Doch dieses war verwunschen.
Die Königin doch vernommen,
Ganz in schwarz hat vorgefunden.
'Drei Tage jemand ausharren müsst,
Im kostbaren Königssaal.
Nur so sie dann zu erlösen ist,
Und Stillschweigen immer bewahr.
'Ich fürchte mich gar nicht,
Für dich will gerne machen.
Um Mitternacht strahlt ein Licht,
Teufel in allen Ecken saßen.
'Das große Lärmen und Schreien,
Stündlich ward lauter immer wieder.
Im Feuer spielen und weinen,
Dann stürzen sich auf ihn nieder.
'Schlagen fest mit ihren Fäusten,
Treten ihn hart in den Leib.
Zerren an Beinen und Leisten,
Doch den Mund hielt alle Zeit.

'Drei lange Nächte das dauert,

An jedem Morgen die Jungfrau kam.

Er in seiner Ecker erbärmlich kauert,

Ganz geschunden und ganz lahm.

'Ihre Füße schon wurden weiß,

Dann auch ihr ganzer Leib.

Am letzten Tag wie von Eis,

Und endlich vom Zauber befreit.

'Das Schloss war nun entzaubert,

Die Jungfrau eine schöne Königin.

Das doch niemand je bedauert,

Den Königssohn gern umfing.

'Große Hochzeit fand bald statt,

Glücklich lebten sie alle Zeit.

Nie etwas wunderbares je gab,

Wohl in alle, alle Ewigkeit.

Der Krautesel (122)

‘Einmal ein junger Jäger war,

Auf den Anstand ging hinaus.

Mit fröhlichem Herzen gar,

Sah’ ein Mütterchen voll Graus.

‘Guten Tag sprach, lieber Jäger,

Du bist so lustig, vergnügt.

Doch ich hab Hunger und Ärger,

Ein Almosen mir doch gib.

‘Der Jäger ein gutes Herze hat,

Griff hinein in seine Tasch’.

Dem Mütterchen etwas gab,

Sagt, dir werde es gut mach.

‘Gehe immer gerade aus,

Dort findest einen Baum.

Neun Vögel sitzen darauf,

Sich um einen Mantel hau’n.

‘Den Mantel nimm ihnen ab,

Ziehst ihn dann selber an.

Denn jeden Wunsch dir gab,

Den immer man haben kann.

‘Einen der Vögel erschieß,

Und sein Herz musst du essen.

Über Nacht wenn man schlief,

Ein Goldstück hat besessen.

'Tatsächlich so ist's geschehen,
Wie es ihm verheißen war.
In die weite Welt wollt gehen,
Von den Eltern Abschied nahm.
'Durch den dunklen Wald gekommen,
Ein prächtig Schloss vor ihm lag.
An dem Fenster hat vernommen,
Die Hexe und eine Jungfrau zart.
'Schaue immer liebevoll hinunter,
Zum Mädchen die böse Hexe sagt.
Denn die Liebe wirket Wunder,
Das gute Vogelherz ich mag.
'Nimm mit noch einen Pokal,
Diesen reiche ihm zum Trunk.
Trinken soll alles auf einmal,
Kein Goldstück mehr gefundt.
'Die Hexe noch unzufrieden,
Den Wundermantel haben wollt.
In tiefen Schlaf ihn wiegen,
Das findet dieser sehr hold.
'Als der Jäger aufgewacht,
Fühlt sich ganz betrogen.
Doch die alte Hexe lacht,
Ihm nimmer war gewogen.

'Im wilden Gebirge stand,

Drei Riesen kamen vorbei.

Der eine ihn zuerst fand,

Wohl ein Erdenwurm er sei.

'Tritt ihn tot, der zweite sagt,

Der dritte, nicht der Mühe wert.

Wenn zu den Wolken gelangt,

Durch den weiten Himmel fährt.

'Weit über das ganze Land.

Er in den Wolken schwebte.

Doch nichts zu essen fand,

Wie wenn er an ihnen klebte.

'Landet in einem großen Feld,

Salat war dort angepflanzt.

Der Hunger ihn schon überfällt,

Nahm einige in die Hand.

'Paar Bisse hinunterschluckte,

Ganz wunderlich fühlte sich.

Mit den vier Beinen ruckte,

Sein Kopf dem Esel glich.

'Einige Schritte weiter ging,

Anderes Kraut stand da.

Auch davon zu essen anfing,

Und wieder junger Jäger war.

'Salat und Kraut einsteckte,

Auf seiner weiteren Reis',

Zum Schloss den Weg entdeckte,

Dorthin sich schlich ganz leis'.

'Sein Gesicht schwarz angestrichen,

Die Kleider nach links gemacht.

Alle Leute sind ihm ausgewichen,

Sah' hässlich aus, wie die Nacht.

'Die Hexe vom Köstlichen hörte,

Dass jemand Salat mit sich trug.

Auch diesen sofort begehrte,

Sie zum Essen gerne einlud.

'Doch wie sie davon gegessen,

Als Eselin im Hofe herumlief.

So geschieht es wer versessen,

In's Unglück selbst gerät sehr tief.

'Den Mantel hat wieder bekommen,

Das Mädchen betroffen ihm bekennt.

Hätte viele Schläge hingenommen,

Wenn der Hexe ihre Bosheit nennt.

'Das Herz durfte deshalb behalten,

Was Goldstücke tagtäglich schenkt.

Denn Gott lässt immer walten,

Und führt auch zum guten End.

Die Alte im Wald (123)

'Eine arme Dienstmagd war,

Mit ihrer Herrschaft unterwegs.

Überfallen wurden sogar,

Was ist da zu machen stets.

'Denn mitten im dunklen Wald,

Aus dem Dickicht Räuber kommen.

Hinterm Baum versteckt sich bald,

Haben gar alles mitgenommen.

'Ein großes Unglück geschehen,

Viele Beute haben gemacht.

Ganz allein war nun gewesen,

Und die Herrschaft umgebracht.

'Als der Abend angebrochen,

Unter einen Baum sich setzt.

Ein Täubchen kam geflogen,

Bringt ihr einen Schlüssel jetzt.

'Sagte, siehe dort den Baum,

Mit dem Schlüssel schließe auf.

Du kannst mir ganz vertraun,

Keinen Hunger leiden brauch.

'Noch andere Schlüssel bracht,

Sogar ein weiches Bettchen hat.

Dass schlafen kann in der Nacht,

Und noch feine Kleider beschafft.

‘Besetzt mit Gold und Edelstein,
Was hinein ward reich gestickt.
Für eine wahre Königin so fein,
Und gar keine Not mehr litt.
‘Einmal das Täubchen sprach,
Willst auch für mich was tun.
Von Herzen gern die Magd sagt,
Zum kleinen Häuschen gehe nun.
‘Wenn du öffnest die Tür sogleich,
Mit der alten Hexe nur nicht sprich.
Dann in die letzte Stube schleich,
Kostbares liegt auf dem Tisch.
‘Einen schlichten Stein dort nimm,
Die Alte sie schon am Rocke hält.
Ein kleiner Vogel, fröhlich sing,
Diesen Stein bei sich trägt.
‘Eil’ geschwind zurück zum Baum,
Den Stein mir rasch zu geben.
Ein Wunder ist dann zu schaun,
Der Baum sich kann bewegen.
‘Seine langen Äste hinunter legt,
Umfängt die Magd ganz lieb.
Spricht zärtlich und tief bewegt,
Du mein Lebensretter bist.

'Vor ihr steht ein Königssohn,

Sich freundlich neigt ihr zu.

Wie jemals kann ich entlohn,

Meine Erlösung brachtest du.

'Denn verwunschen in den Baum.

Das war mein hartes Los.

Es hört sich an wie ein Traum,

Meine Freude ist riesengroß.

'Ich führe dich auf mein Schloss,

Wenn du gewillt möcht sein.

Vor Rührung Tränen floss,

Zur Hochzeit laden beide ein.

Die drei Brüder (124)

'Ein Mann hatte drei Söhne,

Gemeinsam wohnten im Haus.

Wußte nicht wem es gäbe,

Doch nimmer möcht verkauf'.

'Ein guter Rat fiel ihm ein,

Geht alle in die weite Welt.

Ein Meisterstück bringt heim,

Sein Handwerk jeder wählt.

'Der ältest wurde Hufschmied,

Ein Barbier der zweite will.

Der dritte das Fechten übt,

Alle lernten gut und viel.

'Als die gesetzte Zeit vorbei,

Sich alle zu Hause einstellten.

Die beste Gelegenheit sei,

Ihre großen Künste wählten.

'Ein Hase auf dem Feld,

Kommt gerade recht gelaufen.

Der Barbier seine Seife hält,

Das Bärtchen stutz mit Schlaufen.

'Ein Jager kam vom Jagen,

Der Hufschmied springt hinzu.

Die Hufe neu zu beschlagen,

Selbst im Laufen dieses tu.

'Ein Wolkenbruch nicht recht,
Der Fechter zog den Degen.
Den er so kunstvoll fecht,
Alle blieben trocken vom Regen.
'Du kannst das beste Meisterstück,
Der Vater zum Fechter sprach.
Dafür erhält du das große Glück,
Das Haus ich dir vermach.
'Alle drei hat sehr gelobt,
Dass ein gutes Handwerk führen.
Haben zusammen weiter gewohnt,
Selbst im Grab beieinander liegen.

Der Eisenofen (127)

'Ein Königssohn verwunschen,

Sehr tief in einem Wald.

Im Eisenofen gebunden,

Viele Jahre verschollen galt.

'Die Königstochter sich verirrt,

Des Vaters Reich nicht kannt.

Im dunklen Wald sich verliert,

Den verwunsch'nen Ofen fand.

'Eine Stimme aus diesem kam,

Den Weg will gerne weisen.

Doch zuvor von dir verlang',

Einen Zettel zu unterschreiben.

'Auf diesem aber stand,

Bring her ein scharfes Schwert.

Dann Erlösung wieder fand,

Und mich zu heiraten begeht.

'Den Weg hat aufgezeichnet,

So fand sie gleich nach Haus.

Als den Zettel aber weiset,

Alle Freude war nun aus.

'Denn was darin unterschrieben,

Hieß auch du heiratest mich.

Wie kann sie jemand lieben,

Wenn sie ihn kenne nicht.

'Die Müllerstochter sandte,
Das Schwert hat mitgebracht.
Den Ofen bald erkannte,
Aber nimmer hat aufgemacht.
'Denn als der Tag anbrach,
Sagt, ich hör' das Mühlenrad.
Der Königssohn zu ihr sprach,
Sie wohl eine Müllerin ward.
'Danach die Hirtentochter sandte,
Doch als der Tag wurd' hell.
Auf des Vaters Hörnchen achte,
Wohl die Hirtentochter zur Stell.
'So musste die Königstochter hin,
Mit dem Schwert öffnet die Ofentür.
Den Königssohn sah darin,
Auf sein Schloss gerne mitführ'.
'Denn der Königssohn war schön,
Seine Kleider mit Gold gewirkt.
Das hat sie sofort geseh'n,
Und im Herzen war verliebt.
'Doch zuerst wollt Abschied nehmen,
Von des Vaters prächt'gem Schloss.
Er ließ es ihr gern gewähren,
Aber nur drei Worte sage bloß.

'Sonst ich verwunschen bleib,
Alle Liebe und Mühe vergeblich.
Und werde nimmer befreit,
Wonach ich doch suche sehnlich.
'Doch da sie mehr gesprochen,
Den Ofen nichtmehr fand.
Durch den Wald ist gekrochen,
Ein Lichtlein hat erkannt.
'Dorthin ist sie gegangen,
Wo ein altes Häuschen stand.
Eine Kröte sah mit Bangen,
Nur hinein, haben dich erkannt.
'Jungfer grün und klein,
Rasch mein Hutzelbein.
Hutzel hin und her,
Wer da draußen wär.
'In die Stube trat hinein,
Alle waren recht erfreut.
Sollst willkommen sein,
Und das dich nie gereut.
'Jungfer grün und klein,
Rasch mein Hutzelbein.
Hutzel hin und her,
Was in der Schachtel wär.

'Eine kleine Kröte das tat,
Die Schachtel bracht herbei.
Drei Nadel, Nüss' und Rad,
Mit diesen käme sie frei.
'Geh' bis zum gläsern Berg,
Der doch so aalglatt ist.
Drei Nadel sind dafür wert,
Dass hinüber klettern müsst.
'Dann vor drei Schwerter kommst,
Darauf die Pflugschar setz.
Ihre Schneide ist umsonst,
Denn wird dadurch zerfetzt.
'Vor einem großen Wasser stehst,
Dort hinüber musst du fahren.
Zum großen Schloss hingehst,
Und nach der Königin fragen.
'Drei Nüsse helfen dir sogleich,
Kostbare Kleider bewahren.
Die der Brautkönigin reich,
Nachts darfst bei ihm schlafen.
'Sie sagt, ich habe dich erlöst,
Als im Ofen warst gefangen.
Du es doch wissen müsst,
Nur so konnt zu dir gelangen.

'Drei Nächte sie das bekennt,
Man einen Schlaftrunk ihm gab.
Wie oft seinen Namen nennt,
Sie nicht verstanden hat.
'Erst beim allerletzten Mal,
Als verweigerte den Trank.
Erkannte seine Braut sobald,
Und ihr in die Arme sank.
'Aus dem Zauberschloss eilen,
Bis zum goßen Wasser hin.
Dass bald darüber seien,
Vom Zauber befreiet sind.
'Als am gläsern Berge ankamen,
Die Nadeln haben hineingesteckt.
Schnell konnten darüberfahren,
Und das Krötenhaus entdeckt.
'Zum Schloss war es geworden,
Die Kröten waren Königtöchter.
Lebten glücklich ohne Sorgen,
Was wohl ein jeder möcht er.

Die faule Spinnerin (128)

'Auf einem Dorf einmal lebten,

Ein Mann mit seiner Frau.

Nicht glücklich sind gewesen,

Weil sie war gar so faul.

'Diese wollte nicht spinnen,

Da keine rechte Haspel hat.

Im Wald der Mann soll finden,

Dann wieder arbeiten mag.

'Der Mann ging ins Gebüsch,

Darin seine Frau sich versteck'.

Suchte Haspelholz ganz frisch,

Dann die rechte Haspel hätt.

'Wer Haspelholz haut, der stirbt,

Mit verstellter Stimm' meld' sich.

Wer dann haspelt, der verdirbt,

Nicht aus dem Verstecke wich.

'Den Mann es kalt überlief,

Als diesen harten Fluch hörte.

Seine Frau daheim zu sich rief,

Ihn über diesen Bann belehrte.

'Dann hat Wasser aufgestellt,

Sagt, Garn darin soll kochen.

Doch wenn zu lang es wärt,

Zu Werg ist zusammengekrochen.

'Doch selber Werg hineinlegt,

Der Mann soll rechtzeitig schaun.

Sehr schnell hat sich bewegt,

Denn auf's Garn wollte baun.

'Aber als in den Kessel blickt,

Sah zerknüllten Werg darin liegen.

Voll Schuldgefühl sich sieht,

Seither mäuschenstill geblieben.

Die vier kunstreichen Brüder (129)

'Ein Mann hatte vier Söhne,
Wohl herangewachsen schon.
Sagt: Ein jeder in die Welt gehe,
Und bei einem Meister wohn.

'Abschied vom Vater nehmen,
Ergreifen den Wanderstab.
Als bei der Kreuzung gewesen,
Jeder sein Glück versuchen mag.

'Der älteste traf einen Mann,
Bei ihm kam in die Lehre.
Dort sollte lernen dann,
Zu einem Meisterdieb werde.

'Dafür will er nicht stehen,
Es sei kein ehrbares Handwerk.
Doch ließ er sich belehren,
Weil niemand es bemerk'.

'Der zweite Bruder begegnet,
Einem weisen, gelehrten Herrn.
Als bedeutender Astronom lebet,
Über die Sterne bei ihm lern.

'Nach seiner bestandenen Lehr,
Ihm ein gutes Fernrohr gibt.
Kann sehen über Land und Meer,
Und was noch am Himmel sieht.

'Der dritte zum Jäger kam,
Ins Schießen wurde eingeweiht.
Der Meister eine Büchse gab,
Die sicher trifft und sehr weit.
'Der jüngste ging in die Lehr,
Bei einem Schneider zu nähen.
Obwohl das krumme Sitzen wär,
Ließ sich doch dazu überreden.
'Zum Abschied gab eine Nadelwahl,
Die alle Dinge zusammenhält.
Ob Stoffe oder hart wie Stahl,
Ohne Naht verdient so sein Geld.
'Als vier Jahre waren vorbei,
Da trafen sich die vier Brüder.
Es gar an der Kreuzung sei,
Herzten und küssten sich wieder.
'Zum Vater bald heimkehren,
Erzählen was alles sie gelernt.
Will sie auf die Probe stellen,
Sich mit ihnen zur Linde entfernt.
'Zeigt in die luftige Höh',
Im Wipfel ist ein Vogelnest.
Das wohl ein jeder seh',
Wieviele Eier stellt ihr fest.

'Der mit dem Fernrohr schaut,

Fünf Vogeleier liegen darin.

Ein kleiner Vogel sitzt darauf,

Wer wohl die Eier einfing.

'Der als Meisterdieb gelernt,

Klettert hinauf bis nach oben.

Fünf kleine Eier er entfernt,

Das kann ein jeder loben.

'Der Vater legt jedes Ei,

An die Ecke des Tisches.

Und eines in der Mitte sei,

Wer wohl alle schieß es.

'Der mit der Büchse trifft,

Wohl keiner das vollbracht.

In jeder Mitte der Schuß sitzt,

Und zu zwei Hälften gemacht.

'Der mit der Zaubernadel,

Näht alle Eier ohne Naht.

Zusammen und kein Tadel,

Selbst das Leben ist bewahrt.

'Nun legt der Meisterdieb,

Die Eier in das Vogelnest.

Der Vogel weiter brüt',

Fünf Vöglein stellen fest.

'Alle hatten um den Hals,
Ein feines kleines Band.
Durch das Nähen keine Falz,
Als Glück und Unterpfand.
'Nicht sehr lange Zeit danach,
Die Königstochter ward entführt.
Von einem bösen Drachen, ach,
Der König voll Ängsten gerührt.
'Das wäre was für die Brüder,
Sie setzten sich zusammen.
Besprachen immer wieder,
Wie kann Erlösung gelangen.
'Der mit dem Fernrohr ruft,
Schon habe beide gesehen.
Der Meisterdieb nicht ruht,
Vom Drachen runterzunehmen.
'Mit dem Schiff kehren heim,
Ist die Königstochter schon erlöst.
Doch der Drache stellt sich ein,
In der Luft bald über ihnen steht.
'Feuer speit aus seinem Maul,
Das Schiff schon hell brennt.
Der mit der Büchse ist nicht faul,
Ein Schuss, der Drachen verendt.

'Das Schiff auseinandergerissen,

Die Planken im Wasser schwimmen.

Der mit der Nadel danach gegriffen,

Tat alle Stücke zusammenbinden.

'Als Dank sollten alle erhalten,

Die erlöste Königstochter, schön.

Doch ließen Gott recht walten,

Ihr Glück ist so zu versteh'n.

'Ein jeder auf die Braut verzichtet,

Alle bekommen Gold und Gut.

So wird noch heute berichtet,

Leben glücklich in Gottes Obhut.

Einäuglein, Zweiäuglein und Dreiäuglein (130)

'Eine Mutter drei Töchter hat,

Mit einem, zwei, drei Augen.

Eines auf der Stirne trag,

Die beiden auch noch taugen.

'Wie alle Menschen, mit zwei,

Die Mutter sprach mit diesem.

Die anderen viel schöner sei,

Und könnt es nimmer lieben.

'Wenig zu essen bekam,

Dazu aber viele Schläg'.

Den Putzlumpen ihr gab,

Dass arbeitet von früh bis spät.

'Die Ziege täglich hüten soll,

In die grüne Wiese ging.

Ganz hungrig war sie wohl,

Bitterlich zu weinen anfing.

'Die Tränen hinunterflossen,

Über Wangen, wie Bächelein.

Eine uralte Frau betroffen,

Fragt, warum so bitter wein.

'Sagt, wenn hungrig bist,

Zur Ziege einfach sprichst.

Zicklein, meck,

Tischlein, deck.

'Da standen auf dem Tisch,
Feinste Speisen ganz frisch.
Zicklein, meck,
Tischlein, weck.
'Nachdem sich satt gegessen,
Das Tischlein war schon weg.
Kein Hunger mehr gewesen,
Und auch nicht mehr erschreck.
'Zu Hause braucht nicht zu essen,
Weil für sie nur Abfall gab.
Nun endlich satt gewesen,
Sich alle einander frag'.
'Die mit dem einen Auge,
Das auf ihrer Stirne ward.
Gut aufpasse und schaue,
Wie das zustande kam.
'Mit ihr die Ziege hüte,
Zweiäuglein ein Schlaflied singt.
Einäuglein wurde müde,
In tiefen Schlaf versinkt.
'Zicklein, meck,
Tischlein, deck.
Nun hat tüchtig zugegriffen,
Keinen Hunger mehr gelitten.

'Zicklein, meck,

Tischlein, weg.

Ihre Schwester aufweckt,

Garnichts hat entdeckt.

'Dreiäuglein nun mitging,

Das die Mutter sprach.

Ein Schlaflied wieder sing,

Doch eines blieb noch wach.

'Mit diesem hat gesehen,

Was mit der Ziege geschah.

Der Mutter konnt gestehen,

Und das war wirklich wahr.

'Die Ziege nun getötet hat,

Und sogleich vergraben.

Ein Bäumchen daraus ward,

Früchte in goldenen Farben.

'Wer auch immer danach griff,

Vom Baum erhielt einen Schlag.

Nur alleine Zweiäuglein zuließ,

Durft pflücken die Gaben ab.

'Der Königssohn kam geritten,

Zu diesem wundersamen Baum.

Auch der hat nicht begriffen,

War nur schön anzuschaun.

'Zweiäuglein wurde versteckt,

Unter eine ganz dicke Tonne.

Dennoch hat sie entdeckt,

Goldene Äpfel daraus komme.

'Ihr gutes, schönes Gesicht,

Liebte er auf den ersten Blick.

Zweiäuglein sich verpflicht,

Mit ihm zum Schlosse ritt.

'Dort wurde Hochzeit gehalten,

Glücklich lebten beide dann,

Denn wer Gutes läßt walten,

Wohl sehr lange leben kann.

Die schöne Katrinelje und Pif Paf Poltrie (131)

'Guten Tag, Vater Hollenthe,

Großen Dank, Pif Paf Poltrie.

Ob eure Tochter kriegen könnte,

Fragt Mutter, Bruder, Schwester, Katie.

'Wo ist dann Mutter Malcho,

Im Stall und melkt die Kuh.

Guten Tag, Mutter Malcho,

Was sagst du nun dazu.

'Wo ist dann Bruder Hohenstolz,

Im Hof und hackt das Holz.

Und wo Schwester Käsetraut,

Im Garten schneidet Kraut.

'Wo dann die schöne Katrinelje,

In der Kammer, zählt Pfennige.

Pif Paf Poltrie hat ein Handwerk,

Eines Besenbinders wert.

Die zertanzten Schuhe (133)

'Einmal ein König war,

Zwölf Töchter hatte er.

Eine immer schöner gar,

Als die andere wär.

'Der König ließ ausrufen,

Wer das je herausfind.

Was mit zertanzten Schuhen,

Seine Königstochter nimmt.

'Wer aber nach drei Tagen,

Das ist sein fester Entschluss.

Das nicht kann erraten,

Das Leben lassen muss.

'Nun trug sich einmal zu,

Ein armer, gedienter Soldat.

Fand keine Rast noch Ruh',

Wollt zum König in die Stadt.

'Ihm begegnet eine alte Frau,

Fragt, wo er so rasch wollt hin.

Ich weiß nicht ganz genau,

Auf der Suche ich noch bin.

'Erzählt vom zertanzten Schuh',

Den Wein soll er nicht nehmen.

Einen Mantel ihm gab dazu,

Unsichtbar darin könnte leben.

'Zum König trat herein,
Kostbare Kleider bekam.
Vor dem Saal soll er sein,
Aufpassen wenn alles schlaf.
'Es war in der dritten Nacht,
Keinen Wein zu sich nahm.
Schlafend stell mich, dacht,
Große Unruhe er bekam.
'Die ältest sich erhebt,
Klappte hoch das Bett.
Eine Falltüre offen steht,
Alle zwölfe sind schon weg.
'Der Soldat den Mantel anzieht,
Folgt behutsam durch's Versteck,
Denn niemand ihn darin sieht,
Und einen Tanzboden entdeck.
'Nun tanzen zusammen zu zwei,
Bis um zwölf in dunkler Nacht.
Der wilde Spuk ist vorbei,
Zurückkehren ins Gemach.
'Der Soldat dem König sagt,
Was alleine nur er entdeckt.
Die älteste Tochter nun hat,
Zur großen Hochzeit einlädt.

Die sechs Diener (134)

'Vor Zeiten eine Königin lebte,

Als Zauberin war bekannt.

Die schönste Tochter hegte,

Die je unter der Sonne fand.

'Jeden ins Verderben stürzt,

Der anhielt um deren Hand,

Und sein Leben so verkürzt,

Des Rätsel's Lösung nicht kannt.

'Ein Königssohn von der Schönheit hörte,

Will sehr gerne um sie werben.

Der Vater es aber verwehrte,

Sonst müsse er gar sterben.

'Der Sohn legte sich nieder,

Und wurde ganz sterbenskrank.

Sieben Jahre immer wieder,

Kein Arzt ein Heilmittel fand.

'Zieh' hin versuch dein Glück,

Der Vater endlich willigt ein.

Und fänd er nimmer zurück,

Wenn's nicht kann anders sein.

'Wie das der Sohn vernommen,

Stand rasch vom Lager auf.

Gesund und wie benommen,

Ritt froh zum Tor hinaus.

'Als er über die Heide kam,

Von weitem einen Heuhaufen sah.

Doch als er viel näher war,

Der Bauch eines Menschen gar.

'Der Dicke den Wanderer erblickt,

Richtet sich auf ganz in die Höh'.

Sagt, nehmt mich doch mit,

Denn gerne mit euch geh'.

'Was fange mit solchem an,

Zur Antwort dieses vernahm.

Tausendmal dicker werden kann,

So hoch wie die Berge dann.

'Über eine Weile war's,

Ein anderer lag auf der Erd'.

Das Ohr hielt er am Gras,

Um dieses zu wachsen hört.

'So zogen weiter zu dreien,

Ein paar Füße am Boden liegen.

Denn vor den langen Beinen,

Leib und Kopf hin und her wiegen.

'Was bist du für ein langer Strick,

Das ist noch garnichts sprach.

Bis in den hohen Himmel blick,

Und über die ganze Erde wach.

'Am Wege einen andern fanden,
Seine Augen hat verbunden.
Denn wo seine Blicke landen,
Wird alles auseinander gefunden.

'Mitten im hellen Sonnenschein,
Einer an Leib und Glieder zittert.
Eisiger Frost dringt in ihn hinein,
Je mehr starke Hitze brütet.

'Da stand ein sonderbarer Mann,
Mit einem ganz langen Hals.
Nach allen Seiten drehen kann,
Seine Augen sehen alles jedenfalls.

'Mit seinen sechs Dienern gleich,
Zog der Königssohn zur Stadt.
Die Königstochter bald erreich,
Die doch so wunderschön ward.

'Dreimal musst du es erraten,
Die Königzauberin im auferlegt.
Dann erst darfst du sie heiraten,
Aber dein Leben sonst vergeht.

'Bringe schnell den Ring herbei,
Der mir ins Rote Meer gefallen.
Das die allererste Aufgabe sei,
Dann die anderen sollst erhalten.

'Der mit den hellen Augen sprach,
Dort hängt er an einem spitzen Stein.
Der Lange danach sich aufgemach',
Der Dicke das Meer trank, wie Wein.
'So haben sie den Ring gefunden,
Werden sich der zweiten erwehren,
Daran der Königssohn gebunden,
Hundert Ochsen müsse verzehren.
'Sogleich zum ganz Dicken sprach,
Dass kein Haar davon übrig bleibe.
Wein in Fässern bringen lass',
So ward auch gelöst die zweite.
'Die allerletzte Aufgabe wohl,
Auch die allerschwerste soll sein.
Ihre schöne Tochter umarme schon,
Doch niemals schlafe dabei ein.
'Bis fast um die Mitternacht,
Seine Augen fielen in Schlaf.
Auf einem weiten Felsen erwacht,
Sein allergrößtes Ungemach.
'Zwar war dann der Zauber kraftlos,
Doch wer vom Felsen kann retten.
Sein Unglück war riesengroß,
Wenn den Langen nicht hätten.

'Auch den mit verbundenen Augen,

Der im Nu die Felsen zerstört.

Der Lange beide konnte schauen,

Und in den Armen heimführt.

'Doch der Zauberin ihr Stolz,

Noch eine Prüfung befiehlt.

Unter dicken Balken Holz,

Drei Tage nun in Feuer liegt

'Der Frostige kriecht darunter,

Die Flammen schlagen hoch.

Doch zu Asche fällt hinunter,

Und beide hervorgekroch.

'Das Kriegsvolk hetzt hinterher,

Der Dicke das Wasser speit.

Ross und Reiter ertrinken im Meer,

Sie überstanden auch diese Zeit.

'So wurde große Hochzeit gehalten,

Die Zauberin gab sich geschlagen,

Durch die sechs wunderlich Gestalten,

Lebten glücklich bis in unseren Tagen.

Die weiße und die schwarze Braut (135)

'Eine Frau ging mit ihrer Tochter,

Und der Stieftochter übers Feld.

Es Gott zu sein mocht er,

Als armer Mann sich zugesellt.

'Fragt, wo führt der Weg ins Dorf hin,

Wenn dieses wissen wollt.

Die Mutter sagt, sucht selber ihn,

Die Tochter keine Antwort zollt.

'Die Stieftochter aber sprach,

Armer Mann ich will dich führen.

Komm mit mir immer nach,

Und ließ ihr Mitleid spüren.

'Gott aber wendet beiden,

Garstig den Rücken zu.

Werd' euch ewig meiden,

Und verwünschte sie im Nu.

'Schwarz sollt ihr werden,

So wie die dunkle Nacht.

Häßlich wie Sünd auf Erden,

Ganz ernst er ihnen sagt.

'So ist es auch geschehen,

Die Stieftochter weiß und schön.

Die beiden andern dagegen,

Schwarz mit Bosheit zu sehn.

'Zum Bruder Freundschaft pflegte,
Der malte ihr Bild ganz groß.
Als Kutscher bei der Herrschaft lebte,
Im prächtigen Königsschloss.
'Der König voll Liebe entbrannt,
Als er sah das schöne Bild.
Das Mädchen für die schönste fand,
Beim König bald zu sein befielt.
'Seine Schwester soll er bringen,
Wagen und Pferde anspann'.
Das Glück mit ihr nur finden,
Und ganz rasch zu ihm gelang.
'Die Stiefmutter war sehr gekränkt,
Hexenwünsche führte im Kopf.
Dem Kutscher die Augen blendt,
Der Stieftochter die Ohren verstopf.
'Reginer vorn auf dem Bock,
Rief zum lieben Schwesterlein.
Deck zu den güldenen Rock,
Beim König fein sollst sein.
'Doch die Schwester nicht's hörte.
Die Alte den Wagen bestieg,
Das Kleid der Schwarzen gebe.
Die güldenen Kleider ihr gib,

'Über der alten Grabenbrücke,

Stieß die Stieftochter hinaus.

Dass sie nimmermehr erblicke,

Im Wasser ihr Leben aushauch.

'Der König nicht erbaut,

Von der Schwarzen war.

Auf goldene Kleider schaut,

Und heiratet diese sogar.

'An einem Abend war's,

Auf dem Schoß des Königs saß.

Die Königin ganz in schwarz,

Eine weiße Ente am Topfe fraß.

'Zum Küchenjungen sagte,

Mache rasch das Feuer an.

Nach dem Kutscher Reginer fragte,

Und meine Federn wärmen kann.

'Der antwortete ihr darauf,

In der Grube liegt, dass Gott erbarm.

Was macht die Hexe im Haus,

Die sitzt warm in des Königs Arm.

'An jedem Abend kam sie wieder,

Dasselbe hat immer gefragt.

Dem König berichtete dieser,

Der zuhört was sie täglich klagt.

'Sie sei die Schwester des Reginer,

Der geblendet liegt in der Grub.

Das schöne Bild malte dieser,

Sie selber zum Schlosse einlud.

'Doch wie er das vernommen,

Die weiße Ente ward enthüllt.

Die rechte Braut hat bekommen,

Beide voll Freud und Glück erfüllt.

Der Eisenhans (136)

'Es war einmal ein König,

Der hatte einen großen Wald.

Wild lief darin nicht wenig,

Des Jägers Horn erschallt.

'Dieser kehrte nimmer zurück,

Zwei Jäger ließ nun jagen.

Auch diese traf das Unglück,

Verschollen an allen Tagen.

'Die Jäger nun zusammenrief,

Mit ihren Hunden aufzuspüren.

Auch die verirrten sich ganz tief,

Keine Wege nach Hause führen.

'Es war nach vielen, vielen Jahren,

Niemand mehr wagte sich hinein.

Ein fremder Jäger hat's erfahren,

Stellt sich bereits beim König ein.

'Auf eigene Gefahr will's tuen,

Vor niemandem fürchte mich.

Und werde niemals mehr ruhen,

Was sich im Wald ereignete sich.

'Seinen treuen Hund mit sich nahm,

Der spürte sogleich auf eine Fährte.

An einen tiefen Wasserpfuhl kam,

Ein Arm den Hund hineinzerrte.

'Rasch ritt er zurück zum Schloss,
Zu helfen das Wasser auszuschöpfen.
Auf dem Grund ein Mann riesengroß,
Ganz rostig mit eisernen Fetzen.
'An Stricken den Wilden banden,
Im Käfig am Schloss stellten aus.
Bei Strafe wird im Kerker landen,
Der jemals die Türe schließe auf.
'Der König hatte einen jungen Sohn,
Wohl gar acht Jahre war er alt.
Sehr oft spielte im Hofe schon,
Mit seinem schönen, goldenen Ball.
'Dieser rollte ihm in den Käfig,
Darin der wilde, rostige Mann.
Bat diesen, sei doch so gnädig,
Den Ball mir ja geben kann.
'Nur wenn du mir aufmachst,
Dann erhältst den Ball sogleich.
Zwar du es nicht machen darfst,
Aber der König es garnicht weiß.
'Einst war der Vater ausgeritten,
Beim Käfig der Königsjunge saß.
Um den güldenen Ball zu bitten,
Der Eiserne aus seinen Augen las.

'Den eisernen Schlüssel mir bring,

Unterm Kissen der Königin liegt.

Den goldenen Ball empfing,

Und sich in großer Hoffnung wiegt.

'Der Junge den Schlüssel gab,

Der Käfig schon bald war offen.

Doch viele Angst bekam er da,

Wollte fortlaufen ganz betroffen.

'Den Jungen auf die Schultern nahm,

Zum dunklen Wald hat mitgenommen.

Große Trauer herrscht im Lande gar,

Auch der wilde Mann war entkommen.

'Ich will dich bei mir behalten,

Sollst den goldenen Brunnen hüten.

Und alles Gold und Silber erhalten,

Wenn mir folgen willst und mich lieben.

'Ein Lager machte ihm aus Moos,

Der Junge schläft darauf ein.

Am nächsten Tag war sein Los,

Am goldenen Brunnen zu sein.

'Am Brunnenrand musste sitzen,

Dass kein Stäubchen fällt hinein.

Goldene Fische darin flitzen,

Und Schlangen glänzen im Schein.

'Seine Finger schmerzten sehr,
Zu lange hatte sich aufgestützt.
Erinnert sich deshalb nicht mehr,
Das Wasser zur Kühlung benützt.
'Das hatte ihm sehr gut getan,
Zieht rasch den Finger heraus.
Was fange ich jetzt nur an,
Ganz golden sieht er ja aus.
'Am Abend kam der wilde Mann,
Schon wusste was ihm geschah.
Dem Jungen war recht bang,
Doch er verzieh ihm diesesmal.
'Als er aber am nächsten Tag,
Ganz tief in den Brunnen schaut.
Dass nur ja nicht's reinfallen mag,
Seine Haare waren golden gebraut.
'Kannst hier dich nicht länger bleiben,
Musst ziehn in die weite Welt hinaus.
Dein Glück soll wo anders scheinen,
Doch in großer Not, suche mich auf.
'Er hatte noch nichts gelernt,
Und arbeiten auch nicht kann.
Von der Heimat weit entfernt,
Wie fängt er sein Leben an.

'Zum Schloss ist deshalb gegangen,
Das kannte er aus den Kindertagen.
Keiner wusste was mit ihm anzufangen,
Und als Küchenjunge endlich nahmen.
'Die goldnen Haare zu verstecken,
Ein sonderbares Hütchen trug.
Dem König den Tisch zu decken,
Doch der geriet dabei in Wut.
'Den Hut hat jeder zu ziehen,
Der vor den König kommt.
In den Garten wurde verwiesen,
Vielleicht sich das für ihn lohnt.
'Danach ein böser Krieg ausbrach,
Für's Land gab's harte Zeiten.
Erlitten Hunger und Schmach,
Er gegen den Feind will reiten.
'Mit Humpelbein dem lahmen Pferd,
Zum dunklen Wald ist er gegangen.
Rief laut hinein "Eisenhans hört",
Und nach seiner Hilfe tat verlangen.
'Eine Reiterschar mit Eisen beschlagen,
Zog gegen den mächtigen Feind.
Die erlitten große Niederlagen,
Land und König blieben vereint.

'Die Tochter wollte in Erfahrung bringen,

Wer die fremden Reiter hätte angeführt.

Beim Festmahl soll das wohl gelingen,

Denn goldene Äpfel nur diesem gebührt.

'So kommt vielleicht der würdige Herr,

Der das Land und Reich hat befreit.

Und den ersehnten Frieden bescher,

Worüber alle glücklich und erfreut.

'Der Junge mit der Humpelmähr',

Zum dunklen Walde sich einfind.

Ruft ganz laut den Eisenhans her,

Der ihm war sehr wohlgesinnt.

'Eine fuchsrote Rüstung legt er hin,

Dazu das rotgepanzerte Ross.

Dass am Schlosse zur Stelle bin,

Als erster den Apfel abschoss.

'Am anderen Tag ganz in weiß,

Noch einen gerüsteten Schimmel.

Die Tochter den Apfel hoch schmeiß,

Auch diesen fing auf im Gewimmel.

'Selbst am dritten dieser Tage,

In schwarzer Rüstung kam einher.

Auf einem Rappen im Trabe,

Den goldenen Apfel erhaschte er.

'Der Gärtnerjung mit Humpelpferd,
Im Schlossgarten wieder weilt.
Jeweils als er zurückgekehrt,
Die goldnen Äpfel hat gezeigt.
'Gerufen wurde zum König,
Der die goldenen Äpfel sieht.
Nun verstand der auf ewig,
Durch wen er hatte gesiegt.
'Große Hochzeit wurde gehalten,
Königsvater und Mutter dazu.
Noch eines sollte recht walten,
Eisenhans als König kam im Nu.
'Sagte, nun endlich bin ich befreit,
Durch euren treuen, lieben Sohn.
Alle Schätze stehen für ihn bereit,
Die er bei mir gesehen schon.

Das Lämmchen und Fischchen (141)

'Ein Brüderchen und Schwesterchen,

Die hatten sich recht lieb.

Spielten täglich mit den Kinderchen,

Die es im Dörfchen gibt.

'Ihre Mutter war gestorben,

Die Stiefmutter aber bös.

So liefen sie am Morgen,

Einer sich vom andern lös.

'Wie sie so fröhlich springen,

Die Stiefmutter ärgert sich.

Hexenkünste ihr gelingen,

Verwünscht sie gleich ewiglich.

'Brüderchen soll sein ein Fisch,

Schwesterchen hat ein Lamm zu sein.

Doch nimmer von der Seite wich,

Er im Teich, sie am Wiesenrain.

'Das eine gute Amme sah,

Zur weisen Frau rasch hinging.

Die segnete und was geschah,

Beide Kinder gesund nun sind.

'Denn vom Zauber wurden frei,

Haben wieder Menschengestalt.

Dass ein jeder glücklich sei,

Lebten froh und wurden recht alt.

Simeliberg (142)

'Es waren einmal zwei Brüder,

Einer reich, der andere arm.

Erkannten sich nicht wieder,

Ach, dass sich Gott erbarm.

'Der Reiche sehr geizig war,

Dem Bruder nicht gewillt.

Sooft er auch bitten mag,

Seinen Hunger nimmer stillt.

'Der Arme vor einem Berge wart',

Zwölf Männer hielten ein im Lauf.

Er sich ins Gestrüpp verbarg,

Diese riefen, Berg Semsi tu dich auf.

'Sogleich sich dieser auftat,

Verschwunden waren im Nu.

Die Säcken schwer belad,

Sagen, Berg Semsi tu dich zu.

'Da fuhr der Berg zusammen,

Kein Tor noch Riss zu sehn.

Und sind dann weggegangen,

Wie konnte das nur geschehn.

'Aus seinem Versteck er trat,

Sich vor den Berg hinstellt.

Berg Semsi tu dich auf, er sagt,

Hinein konnte gehn, ungeschelt.

'Da lagen Silber, Gold und Perlen,
In mächtigen Truhen zuhauf.
Das alles konnte er erben,
Und ging vergnügt nach Haus.
'Seine Scheune hat umgebaut,
Alle Zimmer neu eingericht'.
Sein Bruder neidisch schaut,
Woher das viele Geld wohl ist.
'Ein Goldstück lag am Boden,
Als dieser die Wohnung betrat.
Musste ihm feierlich geloben,
Sonst ihn gar anzeigen mag.
'Erzählte ihm vom Reichtum,
Der im Berg verborgen lag.
Er ebenfalls es wollte tun,
Und ihm dem Spruch auch sag.
'Vor den Berg ist hingegangen,
Sprach, Berg Semsi tu dich auf.
So konnte hineingelangen,
Und Edelstein tragen heraus.
'Doch vom vielen Silber und Gold,
Den Zauberspruch vergaß.
Sagte, Simeli sei doch hold,
In der Höhle gefangen saß.

'Die zwölf Räuber bald kamen,

Öffneten den hohen Zauberberg.

Ihn sogleich gefangen nahmen,

Denn längst haben sie's gemerkt.

'So oft er ihnen auch schwört,

Sein Bruder sei der wahre Dieb.

Sie blieben dennoch unbelehrt,

Denn er sogar ihn doch verriet.

Das Eselein (144)

'Ein König und eine Königin,

Besaßen, was das Herz begehrt.

Doch eines hatten nur im Sinn,

Dass ihnen sei ein Kind beschert.

'Der König erhob tiefe Klag',

Ich bin wie ein ödes Land.

Obschon bete Tag für Tag',

Auf dem kein Leben fand.

'Doch Gott erfüllte seinen Wunsch,

Ein Kind soll ihm geboren sein.

Da hilft keine Menschenkunst,

Aber sah aus wie ein Eselein.

'Als die Mutter dieses erblickt,

Jammert sehr laut von Herzen.

Ich werde noch ganz verrückt,

Keiner konnt trösten die Schmerzen.

'Doch der König sagt, es ist mein,

Denn Gott hat es mir gegeben.

Als Esel soll es sogar König sein,

Und auf dem Königsthrone leben.

'Das Eselein ward gut geboren,

Wurde groß, wie es sich gebührt.

Zumal mit sehr langen Ohren,

Die es stets mit sich führt.

'War von sehr fröhlicher Art,
Sprang herum, hin und her.
Die Laute sagar schlagen mag,
Glücklich und zufrieden sehr.
'Einmal an einen Brunnen kam,
Sah im Wasser sein Spiegelbild.
Und merkte, dass es ein Esel war,
Darüber ganz traurig gesinnt.
'Mit einem Getreuen zog es fort,
In ein sehr fernes Königreich.
Ging hindurch von Ort zu Ort,
Das Königsschloss endlich erreich.
'Klopft an das Tor und rief,
Es ist ein Gast da drauß.
Und mit seiner Laute spiel,
Und ließen ihn ins Haus.
'Wie aber das Eselein sah'n,
Alle laut darüber lachten.
Als die Laute tat schlag'n,
Ihn als großen Meister achten.
'Zu seinen Knechten sich setzen sollt,
Doch das war nicht für ihn wert.
Zu den Kriegern niederlassen wollt,
Auch daran hat sich nicht geschert.

'Beim König sogar sitzen darf,
Der ihm zulacht in gutem Mut.
Ob die Tochter ihm gefallen mag,
Er mit dem Kopfe nicken tut.
'Über alle Maßen ist sie schön,
Darf Platz neben ihr nehmen.
Recht artig war er, sie anzusehn,
Ewig möchte gar mit ihr leben.
'Es war nach geraumer Zeit,
Der König hatte ihn lieb gewonnen.
Ihm deshalb es sehr bereut,
Weil er hatte Abschied genommen.
'Sagte, ich schenke das Königreich,
Und meine liebe Tochter dazu.
Darauf er gerne einwilligt sogleich,
Große Hochzeit feierten im Nu.
'Als Königstochter und Eselein,
Zur Schlafkammer wurden geführt.
Ob einander können glücklich sein,
Ein jeder tief im Herzen spürt.
'Eselein zog aus seine Eselshaut,
Diese breit vor das Bett hinlegt.
Verwundert die Tochter ihn anschaut
Ein edler Prinz doch vor ihr steht.

'Der Vater wollte darauf bauen,

Ob beide einander glücklich sind.

Im Mondschein auf sie schauen,

Die Eselshaut vor dem Bette find.

'Diese hat er zu Asche verbrannt,

Der edle Prinz immer leben soll.

Von allen Menschen recht erkannt,

So lebten glücklich und recht wohl.

Der undankbare Sohn (145)

'Mann und Frau beisammen saßen,

Vor ihrem kleinen Haus.

Gebratenes Huhn gemeinsam aßen,

Der Vater kommt darauf.

'Der Sohn das Huhn versteck',

Nicht's soll davon bekommen.

Der Vater geht schon weg,

Das hat der Sohn vernommen.

'Nach dem Huhn er deshalb griff,

Eine dicke Kröte hat gefangen.

Die springt ihm ins Gesicht,

Hält sich fest an seinen Wangen.

'Muss täglich für sie sorgen,

Sonst frisst sie seine Nas'.

Jeden Tag bis zum Morgen,

Weil den eigenen Vater vergaß.

Die Rübe (146)

'Es waren einmal zwei Brüder,

Einer reich, der andere arm.

Letzterer nicht dienen wollt wieder,

Den Soldatenrock zog aus in Gram.

'Ein Bauer wollte er werden,

Bestellen sein eigenes Feld.

Und glücklich dann ernten,

Was von der Erde erhält.

'Eine Rübe ist ihm gewachsen,

Schließlich war sie riesengroß.

Was soll er nur damit machen,

Zu verschenken sich entschloss.

'Zwei Ochsen vor den Wagen spannt,

Zum König ist gleich hingefahren.

Keine größere Rübe jemals kannt,

Reich beschenkte ihn mit Dukaten.

'Der Bruder darüber neidisch war,

Lädt mit Schätzen seinen Wagen.

Diese schenkte dem König gar,

Als Dank ihm die Rübe gaben.

'Ganz ärgerlich nach Hause ging,

Wie kann dem Bruder schaden.

Einen bösen Plan hat im Sinn,

In einen großen Sack ihn laden.

'Auf einen Baum aufknüpfen,
Darin in dem borstigen Sack.
Sein Leben wird nichts nützen,
Dieses Böse bald tuen mag.

'So ist es auch zugegangen,
Der Bruder baumelte am Ast.
In einem dunklen Sack gefangen,
Wie eine Fahne hängt am Mast.

'Ein fahrender Schüler vorüberkam,
Sah das sonderbare Gebild.
Eine Stimme zu hören war,
Zum Lernen sei sehr gewillt.

'Wenn in diesen Sack hinein,
Dich einige Minuten hinsetzt,
Alle Weisheit wird dir sein,
Ganz klug bist dann zuletzt.

'Das wollte der Schüler lernen,
Den Gefangenen ließ herab.
Weisheit läg in den Sternen,
Diesen dann viel näher ward.

'Im Sack wurde heraufgezogen,
Am Ast war nun sein Ort.
Der Bruder war sehr gewogen,
Mit dem Pferd ritt lustig fort.

Das junggeglühte Männlein (147)

'Zur Zeit als der Herr auf der Erde,
Kehrte ein in eine Schmied.
Bekam dort gute Herberge,
Mit Petrus der ihm sehr lieb.
'Ein ganz armer Bettelmann,
Bedrückt durch Alter und Gebrechen.
Zur Schmiede kam sodann,
Nach Almosen wollte fechten.
'Der Fremde ein kranker Mann,
Sagt, heil mich von den Plagen.
Dass ich das Brot verdienen kann,
An all' meinen Lebenstagen.
'Der Herr zum Schmied sprach,
Leihe mir heute deine Esse.
Und auch leg' Kohlen nach,
Das nur ja nicht vergesse.
'Schob das alte Männlein hinein,
Als das Kohlenfeuer glühte.
Petrus zog den Balg ganz fein,
Wie rote Rosen dieser blüte.
'In den Löschtrog der Herr in tat,
Das Wasser über ihn zischt.
Dann abgekühlt der Alte ward
Ganz grad und gesund er ist.

'Gab ihm noch seinen Segen,
Viel Glück an ihm geschah.
Denn daran ist alles gelegen,
Bald in der weiten Welt er war.

'Der Schmied hat zugeschaut,
Merkte sich, wie der Herr getan.
Ist überaus darüber erbaut,
Wendet es an seiner Schwieger an.

'Das Feuer brachte zur Glut,
Stieß die Alte dann hinein.
Doch der tat es garnicht gut,
Fing an zu weinen und schrei'n.

'Dann in das Löschwasser warf,
Ihr Körper zusammenenschnurrt.
Geschunden war dieser arg,
Deshalb laut heult und murrt.

'Ja, wer sich zum Gott erhebt,
Sich nicht darüber wundern darf.
Ihm wohl alles zu Grunde geht,
Und gedeckt ist jeder Bedarf.

Des Herrn und des Teufels Getier (148)

'Gott der Herr erschuf alles Getier,

Die Wölfe zu Hunden erwählte.

Doch die Geiß kann nichts dafür,

Der Teufel als die Eigenen zählte.

'Mit feinem Schwanz sie auszustatten,

Doch in den Dornen hängen blieb.

Verdrossen täglich musst losmachen,

Biss in den Schwanz, wie man sieht.

'Ließ weiden in Wiesen und Wald,

Nagten an Bäumen und Reben.

Die Wölfe vertrieben sie sobald,

Und nur wenige konnten überleben.

'Der Teufel sich beim Herrn beschwert,

Der selbst dafür noch Einsicht zeigt.

Wenn der letzte Baum vom Blatt geleert,

Den Schaden er gerne begleicht.

'Selbst im Orient es wieder blüht,

Der Teufel ihnen die Augen auswicht.

In Gestalt als Ziegenbock lügt,

Mit seinem teuflichen Gesicht.

Der Hahnenbalken (149)

'Einen Zauberer einmal gab,
Stand mitten unterm Volk.
Wunderdinge damals tat,
Ein Hahn einen Balken holt.
'Alle waren darüber erstaunt,
Nur ein Mädchen klug gewesen.
In die Menge ruft ganz laut,
Den Balken kann nicht sehen.
'Ein Strohhalm dieser ward,
Das erkannten auch die andern.
Die Wahrheit nimmer sagt,
Musste deshalb gleich auswandern.
'Das Mädchen groß geworden,
Überaus schön doch tief bewegt.
Mit Schleier am Hochzeitsmorgen,
Schnell übers Feld zur Kirche geht.
'Da rauscht ein breiter Bach,
Über den Weg ihr entgegen.
Aufhebt den Rock ganz rasch,
Übers Wasser wollte gehen.
'Durch den Zauberer dies' geschah,
Spöttisch ruft, schaut ihr Leut.
Wo hast nur deine Augen da,
Schimpf und Schande sie ereilt.

Die alte Bettelfrau (150)

'Es war einmal eine alte Frau,

Als noch jung zu sehen.

Das wisse ganz genau,

Eine Bettlerin ist gewesen.

'Kam hinein in ein Haus,

Ein Junge freundlich sagt.

Wärmt euch recht auf,

Ihr seid schon sehr betagt.

'Schon fingen an zu brennen,

Die alten Lumpenkleider.

Das Unglück nicht konnt wenden,

Wenn noch so bitter weint er.

Die drei Faulen (151)

'Ein König drei Söhne hat,

Die waren ihm gleich lieb.

Doch ahnte, dass bald starb,

Alle zu sich sogleich rief.

'Wer von euch der Faulste ist,

Der soll auch König werden.

Ein jeder von ihnen war gewiss,

Der Faulste sei auf Erden.

'Erster sagt, wenn ich will schlafen,

Und ein Tropfen auf mein Auge fällt.

Ihn immer werde liegen lassen,

Selbst um alles in der Welt

'Zweiter sprach, wenn am Feuer sitze,

Und es meine Beine verbrennt.

Mich nicht erheb und flitze,

Und wäre es mein letztes End.

'Dritter meint, wenn aufgehenkt werde,

Und hätte ein Messer zur Hand.

Dann lieber am Stang sterbe,

Das soll sein mein Unterpfand.

'Wie letzteres der König hörte,

Am weitesten hast du es gebracht.

Sich niemand dagegen wehrte,

Ward König noch in dieser Nacht.

Die zwölf faulen Knechte (151)

'Zwölf Knechte taten das,

Auch abends nicht anstrengen.

Legten sich dabei ins Gras,

Und ihre Faulheit nennen.

'1.Vier Mahlzeiten täglich halte,

Früh aufstehn ist nicht meine Sach.

Der Herr die Arbeit recht walte,

Und ich sehr gern darüber lach.

'2.Ein Pferd hab' zu besorgen,

Lass sein Gebiss im Maul.

Braucht nichts zu fressen bis morgen

Im Haferkasten schlafe faul.

'3.Wozu sich mit Arbeit plagen,

Dabei kommt nichts heraus.

Schlafe ein in Gottes Namen,

Und mich ganz gründlich aus.

'4.Soll ich eine Arbeit ergreifen,

Ob nicht ein anderer da wär.

Mich drücke und herumschleiche,

Mir ist alles viel zu schwer.

'5.Ich soll den Mist fortschaffen,

Auf den Wagen noch laden.

Hab' die Gabel fallen lassen,

Liebe nicht solch' große Taten.

'6.Mich vor keiner Arbeit scheu',

Doch lege mich erst hin.

Mit den Kleidern in das Heu,

Dann überglücklich bin.

'7.Mein Herr schaut auf die Arbeit,

Doch niemals ist zu Haus'.

So strecke meine Glieder weit,

Und halte es sehr gut aus.

'8.Bin ein recht munterer Gesell',

Aber liegt vor mir ein Stein.

Trete garnicht von der Stell',

Und halte schließlich ein.

'9.Heute lag ein Brot vor mir,

Wollte nicht danach greifen.

Und sogar ein Krug mit Bier,

Zu weit ihn je zu erreichen.

'10.Mir brachte die Faulheit Schaden,

Eine schwer gebrochenes Bein.

Tun weh mir auch die Waden,

Ein Leiterwagen fuhr darein.

'11.Meinen Dienst hab' gekündigt,

Zu schwer die Bücher zu tragen.

Hab' mich daran versündigt,

An den Motten und den Maden.

'12.Musst' den Wagen bringen auf's Feld,

Hab' ein Bürde Stroh darauf gelegt.

Nun stört mich nicht's auf der Welt,

Und mich der guten Ruh' gepflegt.

Das Hirtenbüblein (152)

'Ein Hirtenbüblein ward,
Durch seine weise Aussag'.
Die es auf Fragen gab,
Berühmt und Gottbegnad.

'Der König ließ es kommen,
Drei Fragen legt ihm vor.
Wenn antwortest besonnen,
Als Königssohn sei gebor.

'Wieviele Tropfen sind im Meer,
Das Büblein antwortet darauf.
Verstopft alle Bäche sehr,
Dann kann es zählen auch.

'Wieviel Sterne stehn am Himmel,
Darauf das Büblein sagt.
Nehmt ein Papier mit Schimmel,
Die Punkte dann zählen tat.

'Wieviel Sekunden hat die Ewigkeit,
Die Antwort gab ganz frei.
Wie der Demantenberg zeigt,
Vom Vöglein abgewetzt sei.

'Die drei Fragen hast gelöst,
Der König froh darüber sei.
Du bist wahrlich der Größt,
Sein Versprechen hielt dabei.

Der gestohlene Heller (154)

'Es saßen einmal Mann und Frau,

Mit Kindern am Mittagstisch.

Ein guter Freund gern hineinschau,

Nimmer von ihrer Seite wich.

'Da ging die Türe leise auf,

Ein weiß gekleidet Kind.

Durch die Stube langsam lauf,

In's Nebenzimmer hin.

'Tagtäglich dieses geschah,

Der Freund verwundert ist.

Doch niemand es sonst gewahr,

Erdachte sich eine List.

'Als dasselbe wiederum war,

Das Kindlein setzt sich nieder.

Mit seinen kleinen Fingern gar,

In die Dielen bohrte wieder.

'Erzählte was geschehen ward,

Die Mutter antwortet darauf.

Vor Wochen unser Kindlein starb,

Wohl deshalb dorthin lauf.

'Denn keine Ruhe hat bekommen,

Weil zwei Heller dorthin versteckt.

Für Süßigkeiten hat genommen,

Das Gewissen es nun aufweckt.

'Die Mutter ging hinein,

Die beiden Heller lagen da.

Für die Armen sollten sein,

Das Kindlein nimmer kam.

Die Brautschau (155)

'Es war einmal ein junger Hirte,

Wollt gerne heiraten gehn.

Sein Weg zur Mutter führte,

Schwestern kannte wunderschön.

'Wusste nicht welche er nehme,

Die gute Mutter zu ihm sagt.

Jede einen Käse schäle,

Dann weißt du es alle Tag.

'Die erste gar die Rinde verschlang,

Die zweite ganz hastig schnitt.

Der dritten es ordentlich gelang,

Fürs ganze Leben nahm sie mit.

'Glücklich lebten beide allezeit,

Ein jeder auf den andern acht.

Für ihn war stets hilfsbereit,

Frohes Leben haben verbracht.

Die Schlickerlinge (156)

'Ein Mädchen wunderschön,

Doch faul und sehr nachlässig.

Bei der Arbeit verdrießlich zu sehn,

Stets fühlte sich unpässlich.

'Ihre Magd hingegen arbeitssam,

Ließ Flachs und Flicken nicht liegen.

Ein buntes Kleid daraus sich spann,

Lustig sprang und auch zufrieden.

'Ach, wat kann dat Mäken springen,

In meinen Schlickerlingen.

Das hörte der Bräutigam,

Die Magd zur Frau sich nahm.

Das Märchen vom Schlaraffenland (158)

'In der Schlaraffenzeit ich sah,

An einem Seidenfaden.

Hing Rom und der Lateran,

Einen Esel mit silberner Nasen.

'Eine dürre alte Geiß,

Trug hundert Fuder Schmalz.

Das ganz genau weiß,

Und sechzig Fuder Salz.

'Ein Pflug ackert ohne Ross,

Und ein vierjähriges Kind.

Warf Mühlsteine bloß,

Die man in Trier find.

'Fische miteinander singen,

Dass es bis zum Himmel schallt.

Und süßen Honig bringen,

Der fließt von Berg und Wald.

'Zwei Krähen mähten Wiesen,

Zwei Mücken eine Brücke bauen.

Zwei Tauben den Wolf aufspießen,

Zwei Frösche die Getreide brauen.

'Sah zwei Mäuse einen Bischof weihen,

Katzen die einen Bären erlegen.

Schnecken die den Löwen teilen,

Da krähte ein Huhn den Segen.

Das dietmarsische Lügenmärchen (159)

'Ich will euch was erzählen,

Zwei gebratene Hühner sah fliegen.

Die Bäuche gen Himmel wählen,

Im Rücken nach der Hölle liegen.

'Ein Ambos schwamm über den Rhein,

Mit ihm ein dicker Mühlenstein.

Ganz fein und langsam und leis,

Ein Frosch fraß Pflüge auf Eis.

'Drei Kerle einen Hasen fing,

Auf Krücken und auf Stelzen.

Einer war taub der andere blind,

Der dritte ganz stumm im Sinn.

'Der Blinde zuerst den Hasen sah,

Der Stumme dem Lahmen rief zu.

Dieser ihn am Kragen nahm,

So hatten alle drei ihn im Nu.

'Etliche segelten über das Land,

Spannten die Segel im Wind.

Über hohe Berge der Kiel stand,

Ertrunken dort alle wohl sind.

'Ein Krebs einen Hasen jagt,

Auf dem Dache lag eine Kuh.

Fliegen so groß wie Ziegen sagt,

Schauen diesen geduldig zu.

Schneeweißchen und Rosenrot (161)

'Es war einmal eine Witwe,

Lebte in einem kleinen Häuschen.

Ihren Blumengarten liebte,

Mit zwei Rosenbäumchen.

'Das eine trug rote Rosen,

Das andere war voll weißen.

Zwei Kinder die sich kosten,

Waren Rosenrot, Schneeweißchen.

'Sie waren so fromm und gut,

Als Kinder auf der Welt.

Schneeweißchen still und behut,

Rosenrot sprang hinein ins Feld.

'Das eine half der Mutter gern,

Das andere suchte Holz.

Beide sich nicht weit entfern,

Der Mutter größter Stolz.

'Die beiden Kinder sich recht lieben,

Und an den Händchen fassen.

Wenn die zwei spazieren gingen,

Nie wollen voneinander lassen.

'Oft liefen in den Wald hinein,

Zu sammeln blaue Beeren.

Mit Tieren recht vertraut zu sein,

Wer will dieses ihnen verwehren.

'Ins weiche Moos sich legen,

Dann nebeneinander ruh'n.

Ein schönes Kind konnten sehen,

Mit glänzendem Kleidchen nun.

'Als beide sich umsahen,

Kannten einen Abgrund tief.

Die Mutter tat ihnen sagen,

Es wohl ein Engel hieß.

'Eines Abends zusammen waren,

Jemand an der Türe klopfte.

Alle sehr heftig erschraken,

Dennoch aufmachen mochte.

'Es könnte ein Armer sein,

Der sich hätte gar verirrt.

Frierend kalt wie Stein,

Sie aufsucht, Wärme spürt.

'Den Riegel machen offen,

Ein Bär tritt durch die Tür.

Alle schreien ganz betroffen,

Versteckten sich dafür.

'Doch der Bär beruhigend sagt,

Fürchtet euch nicht vor mir.

Es ist so eine kalte Nacht,

Vor Eis und Schnee erfrier.

'Ans Feuer darf sich setzen,
Den Schnee vom Fell schütteln.
Den seltsamen Gast gar schätzen,
Die Kinder an ihm rütteln.
'Sogar spielten mit dem Bär,
Ein wenig er dann brummt.
Wie wenn ein Freund er wär,
Wenn sie's treiben gar zu bunt.
'Jeden Abend stellt er sich ein,
Wollt im Winter dort übernachten.
Und nicht in der harten Kälte sein,
Und die Kinder mit ihm lachten.
'Doch als der Frühling kam,
Hinaus wollte in den Wald.
Seitdem ihn nichtmehr sahn,
Denn ganz tief verbarg sich bald.
'Fast hatten den Bär vergessen,
Die Mutter schickt sie in den Wald.
Zu sammeln Reisig und Ästen,
Ein Zwerg hing in einem Spalt.
'Sein Bart war eingeklemmt,
Hüpft wie an einem Seil.
Schrie; glotzt nicht ungehemmt,
Darüber lachten eine Weil.

'Da freuen sich die Milchgesichter,
Was ihr so garstig seid.
Schert euch fort ihr Gelichter,
Warum mich nicht befreit.

'Schneeweißchen eine Schere nahm,
Schnitt ein Stück vom langen Bart ab.
Sodass er bald wieder los kam,
Murrt nun habe ich euch aber satt.

'Schwang seinen Sack auf den Rücken,
Holt euch der Kuckuck, rief.
Verschwand ihren Blicken,
Im dichten Wald sehr tief.

'An ein kleines Bächlein kamen,
Wollten dort paar Fische angeln.
Da hörten sie lautes Klagen,
An einem Büchel bammeln.

'Es war der gleiche Zwerg,
Ein Fisch zog an seinem Bart.
Hin springt er gegen den Berg,
Doch dieser lässt nicht nach.

'Schon wieder mussten helfen,
Doch er blieb ungezogen.
Mein Gesicht so zu schänden,
In's Gebüsch ist eingebogen.

‘Noch einmal ihm konnten beistehn,

Doch der Zwerg ganz mürrisch schrie.

Ich will euch nichtmehr sehn,

Und sogar verwünschte sie.

‘Da kam aus dem Gebüsch,

Der häusliche Bär hervor.

Der Zwerg arg fürchtet sich,

Und glaubte er wäre verlor.

‘Fress diese beiden Göhren,

Das ist ein fettes Mahl.

Auf mich sie garnicht hören,

Meine Schätze geb zumal.

‘Schneeweißchen und Rosenrot,

Erkannten den Wintergesell.

Die Bärenhaut sich löste schon,

Ein edler Prinz stand an der Stell.

‘Sprach, vom gottlosen Zwerg,

Bin einst verwunschen worden.

Seine Schätze erhält vom Berg,

Glücklich nun waren geborgen.

‘Auf sein Schloss sind hingezogen,

Mit der Mutter lebten lange Jahre.

Und beide Bäumchen voll Rosen,

Blühten rot und weiß alle Tage.

Der gläserne Sarg (163)

'Niemand sage, dass ein Schneider,

Der arm und ganz unbekannt.

Zu hohen Ehren bringe weiter,

Und in aller Welt sei genannt.

'Auf Wanderschaft er ging,

Kam durch einen großen Wald.

Im dichten Gestrüpp sich verfing,

Den rechten Weg verfehlte bald.

'Auf weichem Moos könnte ruhen,

Doch wegen wilder Tiere wacht.

Kein Lager wollte aufsuchen,

In einem dicken Baum übernacht.

'Klettert auf wuchtige Eichen,

Bis in den hohen Gipfen hinauf.

Zum Glück trägt ein Bügeleisen,

Der Wind ihn sonst zerzaus.

'In der Ferne sah ein Licht,

Stieg zaghaft und zitternd runter.

Ein kleines Häuschen schlicht,

Am Eingang klopfte munter.

'Da öffnet sich rasch die Tür,

Ein Alter im mürrischen Ton.

Landstreicher will nicht hier,

Mache dich sogleich davon.

'Doch inständig immer bittet,

Ein Nachtlager möchte haben.

Und tatsächlich auch findet,

Schlief sanft wie in Kindertagen.

'Heftiger Lärm ihn dann erschreckt,

Ein Brüllen und ein Schreien.

Ihn aus dem tiefen Schlafe weckt,

Ein Stier und Hirsch sich streiten.

'Der mächtige Hirsch behält Oberhand,

Den schwarzen Stier aufspießt.

Nun hat er sein Geweih gewandt,

Auf den Schneider dieses Biest.

'Die Hörner haben ihn erfasst,

Rast durch Wald und Gebüsch.

Hängt wie an einem langen Mast,

Über Stock und Stein er zischt.

'Vor einem großen Felsen hält,

Senkt nieder sein mächtig Haupt.

Der Schneider auf den Boden fällt,

Mit Hufen gegen den Stein dann haut.

'Eine Felsentüre öffnet sich,

Dort huscht er rasch hinein.

In einem großen Saal mit Licht,

Ausgelegt in Quaderstein.

'Ein feine, zarte Stimme rief,

Mit dem Fuß tritt auf den Stein.

Zur Mitte des Saales er lief,

Auf dich wartet das Glück allein.

'Nach unter wurde er gefahren,

In einen reichgezierten Raum.

Voll Schränke und mit Vasen,

In blaues Licht kann schaun.

'Zwei gläserne Kasten standen,

In der Ecke bunt geschmückt.

Mit Schloss und golden Banden,

Und recht kunstvoll ausgeschnitt.

'Den ersten Deckel aufhob,

Eine Burg mit Mauern darin sah.

Dann den zweiten hochgeschob,

Ein liebliches Mädchen darin lag.

'Mit klopfendem Herzen sie besah,

Schon öffnet die blauen Augen,

Und rief, endlich erlöst bin ja.

Im Traum dich konnte schauen.

'Verwirrt er das Mädchen betrachtet,

Doch sie sprach, wir müssen fort.

Den mittleren Stein beachtet.

Das allein ist unser Zufluchtsort.

'Den anderen Kasten musste tragen,

Kamen in den oberen Saal hinein.

Nun endlich in Freiheit waren,

Und ein Wunder stellt sich ein.

'Aus dem fein geschnitzten Kasten,

Eine große Burg aufwuchs.

Menschen und Tiere darin rasten,

Zum Leben erwachten flugs.

'Auch die verwunschenen Brüder,

Und der stattlicher Hirsch bekannt.

Nun Menschengestalt hatten wieder

Mädchen und Schneider Hand in Hand.

Der faule Heinz (164)

‘Muss täglich seine Ziege hüten,

Seufzt wenn’s Tagewerk vollbracht.

Was hab’ mich abzumühen,

Es ist eine schwere Last.

‘Wie kann ich Ruhe haben,

Tag und Nacht darüber sinnt.

Zu lösen diese Plagen,

Die Trine zum Heiraten find.

‘Dann habe gute Tage,

Beide Ziegen sie führt aus.

Und wenn ein Knäblein haben,

Kann leben in Saus und Braus.

‘Doch für die beiden Ziegen,

Tagtäglich müssen laufen.

Wir tauschen dafür Bienen,

Die Ziegen wir verkaufen.

‘Die niemand brauch zu weiden,

Zudem süßen Honig schenken.

Einen Honigkrug uns beiden,

Neben das Bett hinhängen.

‘Eine Rute nahm die Trine,

Dass keine Fliege daran leckt.

Doch die Tage waren trübe,

Zerschlug den Krug direkt.

'Das Restchen soll uns schmecken,

Heinzchen der Trine sagt.

Wir erholen uns vom Schrecken,

Die Trine zur Antwort gab.

'Beschwichtigend erzählt,

Die Schnecke zur Hochzeit gelad.

Machte sich auf sehr spät,

Zur Kindtauf kam noch grad.

Der starke Hans (166)

'Es waren einmal Mann und Frau,
Hatten nur ein einzig Kind.
Lebten einsam in der Au',
Auf armer Reisigsuche sind.
'Da sprangen zwei Räuber hervor,
Aus dem Gebüsch wo sich befind.
Packten Mutter und Kind, wie verlor,
Im dunklen Wald verschwindt.
'Die arme Frau die Räuber bat,
Beide doch frei zu lassen.
Doch trieben sie an ohne Gnad',
Vor einem Felsen nun saßen.
'An der Türe klopften an,
Die sich öffnet sogleich.
Gingen durch einen Gang,
Eine große Höhle sie erreich.
'Ein Feuer lichterloh brannte,
An der Seite Schwerter liegen.
In der Mitte ein Tisch prangte,
Daran die Räuber spielen.
'Der Hauptmann obenan saß,
Beschwichtigend zur Frau sagte.
Keine Angst zu haben mag,
Wenn alles in Ordnung halte.

'Viele Jahre gingen dahin,
Der Junge wuchs heran.
Die Mutter lehrte ihn,
Wie schreiben und lesen kann.

'Halbausgewachsen er war,
Sich einen Knüppel machte.
Vor den Hauptmann trat er da,
Doch dieser ihn auslachte.

'Gab ihm eine kräftige Ohrfeige,
Dass er unter den Tisch rollte.
Diesesmal er noch schweige,
Und sich rasch davon trollte.

'Doch seine Zeit war gekommen,
So stark und auch kräftig gar.
Den Knüppel hat genommen,
Schlug zusammen die Räuberschar.

'Packte die goldenen Sachen,
Mit der Mutter kehrte zurück.
Der Vater konnte wieder lachen,
Ihnen leuchtete das Glück.

'Als den schweren Sack hinlegte,
Brachen die Dielen entzwei.
Soviel Gold darin steckte,
Ein neues Haus zu bauen sei.

'Es war im kommenden Frühjahr,

Hans wollte in die weite Welt.

Alles was dort zu sehen war,

Er hatte ja genug an Geld.

'Nahm mit einen Eisenstock,

Der wohl ein Zentner wog.

Zog an einen neuen Rock,

Und hinaus in die Weite zog.

'Kam durch einen finstern Wald,

Dort knisterte es in den Höhen.

Ruft hinauf mache mal Halt,

Ich kann dich garnicht sehen.

'Ganz oben in dem Wipfel,

Ein langer Bursche dreht.

Des Waldes Baumesgipfel,

Am Seil diese hinunterschweb.

'Komm mit in die weite Welt,

Ich nenne dich Tannendreher.

Dann verdienst du auch dein Geld,

Als bedeutender Waldaufseher.

'An einen mächtigen Felsen kamen,

Der Boden begann zu zittern.

Einen großen Riesen vor sich sahen,

Die Felsen schlug in Stücken.

'Felsenklipper, lass das Schlagen,
Komm mit in die weite Welt.
Nach dir wird jeder fragen,
Wer so viel Kraft erhält.
'Es war am anderen Tag,
Ein Wildschwein Hans will beißen.
Dem gab er einen tüchtigen Schlag,
Mit seinem Stock aus Eisen.
'Mit Schwung auf die Schulter lud,
An einen Spieß es steckt.
Nun hatten Braten genug,
Der ihnen überaus schmeckt.
'Alle Tiere der Gegend meiden,
Die drei mächtigstarken Kerl.
Aus dem tiefen Walde eilen,
Und bleiben ihnen auch fern.
'Beim Kochen abzuwechseln hatten,
Der Tannendreher zuerst begann.
Die beiden anderen aber jagten,
Ein kleines Männlein kam sodann.
'Fortert fresch von Ihm das Essen,
Doch gab ihm garnichts davon.
Der hatte sich ganz vergessen,
In Wut schlägt ihn blutig schon.

'Dem Felsenklipper nichts sagte,
Der am folgenden Tag blieb daheim.
Auch dieser vom Männlein fasste,
Ganz fürchterliche Prügel ein.
'Als letzter war Hans an der Reihe,
Das Wichtelmännchen stellt sich ein.
Ihm gerne vom Essen leihe,
Doch garnicht zufrieden zu sein.
'Deshalb nahm den Eisenprügel,
Schlug auf ihn erbärmlich zu.
Der verschwand wie ein Wiesel,
Aber merkte sich die Stelle im Nu.
'Tannendreher und Felsenklipper,
Erzählten wie ihnen geschah.
Doch Hans blieb immer Sieger,
Und das Wichtelversteck gewahr.
'Mit einem Korb ließ sich herab,
In ein sehr tiefes, dunkles Loch.
Dort roch es wie in einem Grab,
Sah ein schönes Mädchen noch.
'In eisernen Ketten gefesselt,
Der Zwerg als Wächter davor.
Wie eine Meerkatze lächelt,
Hämisch wie ein böser Tor.

'Mit dem Stock schlug auf ihn ein,

Mit seiner starken Hand.

Da hilft kein Flehn und Wein',

So Hans ihn überwandt.

'Den Stock auf den Korb lud,

Rasch sollen ihn hochziehen.

Doch auf den Boden schlug,

Mausetot bliebe er liegen.

'Durchschaute ihre böse List,

Beide waren noch am Leben.

Doch wie entkommen müsst,

Das wäre noch zu überlegen.

'Am Finger des Wichtels sah,

Einen kostbaren Ring, wie Blut.

Das vielleicht die Rettung war,

Und sogleich fasste er Mut.

'Den Wunderring drehte,

Luftgeister sogleich erschienen.

Beide in den Lüften schwebte,

Und gerne sie bedienen.

'So gelangten auf das Schloss,

Der schönen Jungfrau fein.

Dort leben glücklich noch,

Wie kann es anders sein.

Die hagere Liese (168)

'Ganz anders wie bei Heinz und Trine,

Sich aus der Ruh nicht bringen.

War es mit der hageren Liese,

Ihr Mann, der Lenz musst springen.

'Eines abends lagen beide im Bett,

Stieß Liese ihrem Mann in die Seite.

Höre mir zu, ist das nicht nett,

Fände einen Gulden heute.

'Dazu will mir noch borgen,

Bis zwei weitere Gulden hab'.

Eine Kuh bekämen wir Morgen,

Und ein Kälbchen sie noch hat.

'Ich freue mich, fügte er hinzu,

An der Milch mich könnte laben.

Keinen Tropfen je bekommst du,

Es sind doch meine Gaben.

Das Waldhaus (169)

'Ein armer Holzhauer lebte,

Mit seiner Frau am Waldeshain.

Eine kleine Hütte hegte,

Drei Töchter schön und fein

'Eines Morgens zur Arbeit ging,

Zum ältesten Mädchen sprach.

Mir mein Mittagessen bring,

Den Weg ich dir auch sag.

'Einen Beutel Hirse streue,

Dass findest du den Weg.

Und ich es nicht bereue,

Sonst leicht in die Irre geh.

'Als die Sonne stand überm Wald,

Das Mädchen nimmt den Topf.

Auf den Weg macht sich sobald,

Doch keine Spur hat im Kopf.

'Die Lerchen, Amsel, Finken,

Hatten die Hirse aufgepickt.

Nicht konnte die Richtung finden,

Verirrte sich gar im Dickicht.

'Ging immer weiter ohne Ruh',

Die Sonne bald niedersank.

Die Nacht brach an im Nu,

Sich im dichten Wald befand.

'Hörte die Bäume rauschen,

Die Eulen schnarrten huhu.

Keiner möchte mit ihr tauschen,

Eilt ohne Rast immer zu.

'Da erblickte durch die Stämme,

Ein winzig kleines Licht.

Auch wenn es dorthin käme,

Sich dann nichtmehr fürcht.

'Ein altes Waldhaus dort war,

Das Fester auch ganz hell.

Zur Haustür trat es da,

Klopfte zaghaft an der Stell.

'Eine rauhe Stimme rief,

Komm doch nur herein.

Das Gesicht auf Hände tief,

Mit grauem Bart bis zum Bein.

'Daneben die Tiere lagen,

Neben dem Ofen auf der Erde.

Ein Nachtlager wollte haben,

Was daraus wohl werde.

'Schön Hühnchen,

Schön Hähnchen.

Und du bunte Kuh,

Was sagst du dazu.

'Duks, antworten die Tiere,

Das heißt wir sind zufrieden.

Das Mädchen zu uns hinführe,

Wir es mögen und lieben.

'Bereitete rasch das Essen,

Für den uralten Greis.

Die Tiere aber hatte vergessen,

Sie denken auf ihre Weis.

'Du hast mit ihm gegessen,

Mit ihm auch getrunken hast.

Uns aber hast vergessen,

Nun sieh, wo die bleibst die Nacht.

'Der Holzhauer spät nach Hause kam,

Hat Vorwürfe seiner Frau gemacht.

Den ganzen Tag am hungern war,

Das Mädchen hat das nicht bedacht.

'Der zweiten Tochter will legen,

Statt Hirse, Linsen auf den Weg,

Dann wird die Spur nicht verfehlen,

Zum Mittagessen bereit es steht.

'Die Waldvögel haben aufgepickt,

Woraus den Pfad konnt sehen.

Den jetzt nichtmehr hat erblickt,

Im Wald ist verschollen gewesen.

'Zum Waldhaus war gekommen,

Den alten Mann recht versorgt.

Für die Tiere nichts genommen,

Sagten zwar Duks sofort.

'Schön Hühnchen,

Schön Hähnchen.

Und du bunte Kuh,

Was sagst du dazu.

'Du hast mit ihm gegessen,

Mit ihm getrunken hast.

Doch uns hast du vergessen,

Nun sieh', wo du bleibst die Nacht.

'Am dritten Morgen der Vater sprach,

Schicke heute das jüngste Kind.

Es ist sehr fromm und brav,

Es ganz gewiss mich find.

'Streue diesmal dicke Erbsen aus,

Aber die Waldtauben diese fraßen.

Im dichten Wald verirrt sich darauf,

Und zum Waldhaus ist geraten.

'Endlich als es ganz finster war,

Erblickte dort das helle Licht.

Den uralten Mann nun sah,

Mit dem weißen Bartgesicht.

'Schön Hühnchen,

Schön Hähnchen.

Und du bunte Kuh,

Was sagst du dazu.

'Duks, antworten die Tiere,

Das heißt wir sind zufrieden,

Das Mädchen zu uns hinführe.

Wir es mögen und lieben.

'An den Ofen das Mädchen trat,

Dort wo die Tiere lagen.

Liebkoste Hühnchen, Hähnchen zart,

Und die bunte Kuh am Kragen.

'Bereitete sogleich das Essen,

Holte Gerste herein und Heu.

Die Tiere haben's nicht vergessen,

Und sich sehr darüber freu.

'Nun sind alle müd' gewesen,

Das Mädchen artig fragt.

Wo kann ich mich hinlegen,

Frisches Linnen bereitet hat.

'Schön Hühnchen,

Schön Hähnchen.

Und du bunte Kuh,

Was sagst du dazu.

'Du hast mit ihm gegessen,

Mit ihm getrunken hast.

Uns hast du nicht vergessen,

Wir wünschen eine gute Nacht.

'Das Mädchen ging die Treppe rauf,
Tüchtig die Federkissen schüttelt.
Deckt dann frisches Linnen auf,
Und im Gebet für alle bittet.
'Es war wohl um Mitternacht,
Das Mädchen ruhig schlief.
Doch da ist es erwacht,
Ein Lärm die Stille bricht.
'In allen Ecken Knistern, Knattern,
Die Türen sprangen entzwei.
Balken dröhnen und rattern,
Dach und Treppe stürzen ein.
'Dem Mädchen tat kein Leid,
Die Augen weit aufmacht.
Aus Elfenbein und Seid,
Das Bett in den Saal gebracht.
'An den Wänden kunstvolle Blumen,
Mit Samt der Tisch bedeckt.
Kostbar Schränke und Truhen,
Feingekleidet Diener haben sie geweckt.
'Nur ein Mädchen konnte erlösen,
Das ganz verwunschene Schloss.
Ein königlicher Palast dort stehen,
Glück und Freude waren übergroß.

Lieb und Leid teilen (170)

'Es war einmal ein Schneider,

Ein recht zänkischer Mann.

Seine Frau schlug er leider,

Obschon nur gutes hat getan.

'Man ließ ihn dann einsperren,

Die Frau nicht darf schlagen.

Bei Wasser und Brot zu lernen,

Lieb und Leid hat zu tragen.

'Eine Zeitlang ging es gut,

Doch dann ward wieder böse.

An den Haaren sie packen tut,

Elle und Schere ihr gebe.

'Als nochmals wurde vernommen,

Er keck zum Richter sprach.

Lieb und Leid hat sie bekommen,

Haare streicheln und was er warf.

Der Mond (175)

'Vor Zeiten gab es ein Land,

Wo Nächte immer dunkeln.

Hat keinen Mond gekannt,

Auch keine Sterne funkeln.

'Vier Burschen daraus gingen,

In die Welt auf Wanderschaft.

Abends die Sonne tat schwinden,

Und der Mond am Himmel lacht.

'Erstaunt einen Bauer fragten,

Der mit dem Wagen fuhr vorbei.

Fängt es schon an zu tagen,

Nein, nein, das der Mond nur sei.

'Der Schultheiß hat ihn gekauft,

An den Eichbaum fest gemacht.

Deshalb gießen täglich Öl darauf,

Dass er hell leutet in der Nacht.

'Das gewiss etwas für uns wär,

Wenn dieses Licht bekommen.

Nicht stoßen brauchen uns mehr,

Nach Hause haben's mitgenommen.

'Doch als sie sehr alt geworden,

Ein jeder gar erhielt sein Teil.

Im Grab lag der Mond geborgen,

In sanfter Erde ruhte eine Weil.

‘Alle die seit langem gestorben,
Erhielten nun wieder Licht.
Fühlten sich wohl geborgen,
Spielten und freuten sich.
‘Der heilige Petrus glaubte,
Und das Himmelstor bewacht.
Dass der Teufel sich erlaubte,
Gegen den bösen Feind nun jagt.
‘Die Toten brachte zur Ruhe,
Ließ sie in die Gräber legen.
Den Mond stellt nachts dazu,
Und tut am Himmel schweben.

Die Boten des Todes (177)

'Vor Zeiten wanderte ein Riese,

Auf der Landstraße des Lebens.

Da kam ein Unbekannter, wisse,

Schrie: Halt keinen Schritt vergebens.

'Was, der Riese sprach, du Wicht,

Ich zerdrücke dich zwischen den Fingern.

Dann weißt du wer du bist,

Kannst dich um dich selber kümmern.

'Ich bin der kalte Tod,

Mir niemand widersteht.

Nun helfe dir Gott,

Sprich dein letzt Gebet.

'Der Riese weigert sich,

Mit dem harten Tode ringt.

Sie kämpften fürchterlich,

Doch den Tod gar überwindt.

'Da lag der Tod neben einem Stein,

Was soll daraus nur werden.

Die Menschen werden ohne Platz sein,

Überfüllt auf allen Erden.

'Ein junger Mensch des Weges kam,

Hatte Mitleid mit dem Armen.

Ihn dann in die Arme nahm,

Und tat sich ihm erbarmen.

'Weißt du auch wem du helfst,

Als gab ihm einen Trank.

Den du auf die Beine stellst,

Doch schenke dir meinen Dank.

'Ich bin der Tod, mich so nennt,

Doch weil du mir geholfen hast.

Meine Boten zuerst dir sendt,

Weißt wie lang das Leben lacht.

'Wohlan der Junge sprach,

Das ist für mich ein Gewinn.

Sich auf den Weg gemach,

Vorm Tode lange sicher bin.

'Allein die Jugend rasch verging,

Krankheiten stellten sich ein.

Schmerzen trübten seinen Sinn,

Doch es wird bald besser sein.

'Da klopft ihm jemand auf die Schulter,

Ganz rasch drehte er sich um.

Folge mir, nehm Abschied Guter,

Dein Ende ist gekommen nun.

'Wie, der Mensch aber sagt,

Du willst dein Wort brechen.

Mit mir hast du ausgemacht,

Zuerst mir Boten zu senden.

'Schweig, erwidert der dürre Tod,

Hab' ich dir nicht Boten geschickt.

Das Fieber rüttelte dich in Not,

Schwindel und Ohrenbrausen zwickt.

'Überdies mein leiblicher Bruder gar,

Das ist der ruhige Schlaf.

In der Nacht lagst wie tot da,

Dich jeden Abend erinnert ja.

'Keine Antwort wusste zu geben,

Ergab sich in sein Geschick.

Musste geben sein kurzes Leben,

Besinnlich wurde sein Blick.

Meister Pfriem (178)

'Meister Pfriem ein hagerer Mann,

Keine Minute findet Ruh'.

Alles viel besser kann,

Blitzt die Augen auf und zu.

'Gestülpt ist seine Nas',

Die Haare grau und struppig.

Die Wangen narbig blass,

Antwort gibt ganz ruppig.

'Sein Handwerk als Schuster war,

Den Draht fährt gewaltig aus.

Andern in den Leib sogar,

Kein Geselle bleibt im Haus.

'Bald sind die Stiche nicht gleich,

Ein Schuh länger als der andere.

Das Leder allzuweich,

Der Absatz daneben hange.

'Faulenzer alle Leute nennt,

Seine Frau ist früh aus dem Bett.

Dass nicht das Haus verbrennt,

Und anzündet die Feuerstätt.

'Wenn Mägde erzählend lachen,

So schalt sie ganz heftig aus.

Da stehen Gänse und schnattern,

Über Geschwätz die Arbeit missbrauch.

'Einen Zimmermann griff er an,
Die Axt ihm riss aus der Hand.
Keinen Balken recht schlagen kann,
Die Pferde falsch angespann.

'Ärgerlich zur Werkstatt kommt,
Hab' denen in's Gewissen geredt.
Den Lehrjungen ausgescholt,
Die Sohle zu lange gelegt.

'Meister, dieser ihm antwortet,
Habe den Schuh nur aufgehoben.
Den ihr bearbeiten wolltet,
Bevor er fiel auf den Boden.

'Eines Tages der Meister träumt,
In der Nacht sei er gestorben.
Den Weg nur ja nicht versäumt,
Nicht warten will bis Morgen.

'Kommt an das Himmelstor,
Klopft dagegen sehr fest.
Sankt Petrus schaut hervor,
Sagt, benehmet euch zurecht.

'Ich weiß schon was sich ziemt,
Das ihr euch ersparen könnt.
Im Himmel alles vollkommen ist,
Bin vieles auf Erden gewöhnt.

Indem er zwei Engel sah,
Einen dicken Balken tragen.
Der einem im Auge war,
Und nach dem Splitter fragen.
'Dann trugen ein Fass mit Löcher,
Dass Wasser daraus lief.
Dachte das mache besser,
Doch so die weite Erde gieß.
'Ein Wagen tat dort stecken,
Sein Rad in einem Loche war.
Zwei Pferde ziehn und bläken,
Die sind doch viel zu zart.
'Engel Pferde hinten anspannen,
Auch das kann unmöglich sein.
Dann in die Höhe fahren,
Mit Flügel weiß und rein.
'Da ist der Meister aufgewacht,
Auch das unglaublich ist.
Und heftig darüber lacht,
Pferde haben doch Beine, wüsst.
'Sagt still vor sich hin,
Das ist doch mein Glück.
Dass ich nicht gestorben bin,
Sonst man mich noch belüg.

Die Gänsehirtin am Brunnen (179)

'Ein steinaltes Mütterchen lebte,

Mit seiner Herde von Gänsen.

In einer kargen Einöde,

Die Bäume und Hecken begrenzen.

'Am Morgen die Krücke nahm,

So wackelte in den Wald.

Sammelte Gras übers Jahr,

Auf dem Rücken zu schleppen bald.

'Ein junger Mann kam recht kühn,

Die Sonne schien glänzend hell.

Vögel sangen, das Lüftchen kühl,

Die Alte erblickt an der Stell.

'Am Boden kniet und sichelt Gras,

In's Tuch hat hineingeschoben.

Zwei Körbe voll, die Äpfel fass,

Ganz alleine hat aufgehoben.

'Ach Mütterchen, das ist zu schwer,

Wie kannst die Lasten tragen.

Ich muss es tuen lieber Herr,

Deshalb den Buckel haben.

'Wollt ihr mir helfen fragte sie,

Oder bei mir stehen bleiben.

Sonst fall' noch auf die Knie,

Dein Rücken ist mit jungen Beinen.

'Mitleid empfand der junge Mann,

Obschon er sei ein Graf.

Euer Bündel aufnehmen kann,

Und gern eine Weile trag.

'Die ganze Last drückte sehr,

Als beide gingen bergan.

Es ist für mich doch zu schwer,

Vom Rücken wollt nehmen dann.

'Doch wie angewachsen waren,

An seinen gekrümmten Körper.

Kann mich weiter plagen,

Die Last drückt immer härter.

'Die Alte ging vergnügt auf Krücken,

Musst dich ins Schicksal fügen.

Dieses sagt sie voll Entzücken,

Sich tat auf seinen Schultern wiegen.

'Endlich das Haus der Alten sah,

Als die Gänse sie entdeckten.

Schrien wulle, wulle immerda,

Die Flügel breiten, die Hälse reckten.

'Eine bejahrte Trulla groß,

Ganz hässlich wie die Nacht.

Frau Mutter sagte blos,

Was habt so lange gemacht.

'Die Alte von den Schultern rutscht,
Zum jungen Mann freundlich spricht.
Mich getragen hat mit Lust,
Den Lohn er sehr bald kriegt.
'Geld und Gut brauchst du nicht,
Steckt ihm ein Döschen bei.
Bewahr es wohl, sehr wichtig ist,
Dein Glück für dich es sei.
'Drei Tage in der Wildnis irrt,
Ehe alles recht konnt fassen.
Eine königliche Stadt betritt,
Zum Schloss wird reingelassen.
'Der junge Graf sich kniete nieder,
Die smaragdene Dose schenkt.
Die Königin diese öffnet lieber,
Doch wie tot zur Erde sich senkt.
'Der junge Mann ward gefesselt,
Ins Gefängnis soll jedenfall'.
Die Königin die Augen öffnet,
Ihn frei zu lassen befahl.
'Erzählte was geschehen vor Jahren,
Noch heute ihr Herz fast bricht,
Was damals sich zugetragen,
Bringt dieses nun ans Licht.

'Erkannte im kostbaren Gefäß,

Eine Perle, einer Träne gleich.

Die an die Tochter erinnern läss'

Das der Graf ihr überreich'.

'Als mit der Königin alleine war,

Sprach, was hilft Glanz und Ehr'.

Morgens erwache in Sorgen gar,

Da ihre Jüngste nicht mehr wär.

'Drei Töchter habe gehabt,

Der König aber bestimmt.

"Wer mich am liebsten hat",

Das Beste dann gewinnt.

'Ihr alle habt mich lieb,

Doch "wie" das sollt mir sagen.

Eine jede Antwort gib,

Die tief im Herzen tragen.

'Die älteste sprach, wie Zucker lieb,

Die zweite, wie mein schönstes Kleid.

Die jüngste aber schwieg,

Jedmögliche Antwort meid.

'Denn mit nichts kann Liebe vergleichen,

So groß und persönlich auch sei.

Alle Tugenden nicht ausreichen,

Den ganzen Menschen mache frei.

'Die beste Speise nicht schmeckt,
Wenn kein Salz ist darin.
Niemand davon gerne leckt,
Für Salz den Vater bestimm.
'Als der König dieses hörte,
Geriet in so große Wut.
Deshalb ihr Salz gewährte,
Verlor dabei all' Hab und Gut.
'In den Wald wurde gejagt,
Mit Salzsack auf dem Rücken.
Seit dieser Zeit verschollen ward,
Niemand konnte sie je erblicken.
'Als ich das Geschenk aufmachte,
Und die kostbare Perle darin.
Nur noch an meine Jüngste dachte,
Ihre Tränen hatte im Sinn.
'Der Graf von der Alten begann,
Wie wunderlich die grüne Wiese.
Schlüsselblumen mit Thymian,
Auf die Gänsehirtin verwiese.
'Die aufstand lief hinab ins Tal,
Zum Brunnen unter den Eichen.
Ein Bächlein mit dem Wasserfall,
Den sie tat dann erreichen.

'Zog ihre hässliche Haut vom Leibe,
Als wunderschönes Mädchen stand.
Mit Schleier und Geschmeide,
Setzt sich an den Brunnenrand.

'Den Kopf stützt auf die Hände,
Viele Tränen wie Perlen vergoss.
Das Schicksal sich doch wende,
Beschere ihr ein besseres Los.

'Bis zum alten Häuschen hin,
Führt die Tränenperlenspur.
Nur dort kann finden darin,
Ihm durch den Kopf durchfuhr.

'So haben die Tochter gefunden,
Das Glück war überaus groß.
Keine kennt Tag noch Stunden,
Manche Tänen sind gefloss.

Die Geschenke des kleinen Volkes (182)

'Ein Goldschmied und ein Schneider,

Froh wandern in die Welt.

Doch Abend wird es leider,

Der Mond den Weg nur hellt.

'Eine Musik ganz zauberhaft,

So liebenswert und hold.

Alle Müdigkeit wegschafft,

Kleines Völkchen im Tanze trollt.

'Zwischen hohen, steilen Bergen,

Auf saftig, grünem Gras.

Tanzen munter kleine Zwergen,

In der Mitte ein Alter saß.

'Trug einen bunten Rock,

Hatte einen ganz langen Bart.

Den Takt führt mit dem Stock,

Zur Musik, die war ganz zart.

'Nun winkte er uns zu,

Sollen kommen in den Reigen.

Schon waren auf du und du,

Hüpften und sprangen zu zweien.

'Doch rasch nach seinem Gürtel griff,

Ein langes Messer zog hervor.

Dazu ein lustig Liedchen pfiff,

Uns beiden die Haare schor.

'Uns sehr ängstlich war zumut,

Aber er klopft auf unsere Schulter.

Zeigt auf eine große Kohlengrub,

In die Tasche füllten munter.

'Bald wollten weiter gehen,

Ein Nachtlager suchen dann.

Als es punkt zwölf gewesen,

Wie Spuk verstummt der Gesang.

'Fanden eine Herberge gleich,

Auf Stroh ließen uns nieder.

Müdigkeit uns bald erreich.

Einschliefen unsere Glieder.

'Auf sehr hartem Untergrund,

Doch ganz fest haben geschlafen.

Die Taschen prall und rund,

Bis obenan gefüllet waren.

'Rasch griffen da hinein,

Keiner kann es kaum fassen.

Lauter goldenes Gestein,

Was wir in den Händen haben.

'Der Schneider recht zufrieden,

Nun kann ein Haus sich baun.

Kann sorgen für die Lieben,

Alle Menschen auf ihn schaun.

'Der Goldschmied aber geizig,

Eilt sofort zum Hügel hin.

Rafft voll seine Taschen zeitig,

Nichts anderes hat im Sinn.

'Gegen Abend kommt er an,

Über Nacht in der Herberg schläft.

In der Früh wollt zählen dann,

Wieviel Gold in den Händen hält.

'Doch ganz erschrocken war,

Nur schwarze Kohle darin lag,

In seinem dicken Beutel gar,

Seither einen Buckel trag.

'Ein jeder erhält was ihm gebührt,

Das Märchen will uns sagen.

Zu welchem End es führt,

Wenn alles wollen haben.

Der Riese und der Schneider (183)

'Ein Schneider war ein Prahler,

Nur hatte das im Sinn.

Weil ein übler Zahler,

Wie komme zu Gewinn.

'Wandert seinen Weg,

Über Brücke und Steg.

Bald da, bald dort,

Immer fort und fort.

'Weit in der blauen Ferne,

Erblickte einen hohen Turm.

Den besehe ich mir gerne,

Weil neugierig von Natur.

'Doch als er näher kam,

Erkannte daran Beine.

Ein großer Riese war,

Wie gewaltige Steine.

'Was willst du Winzling da,

Ein Verdiener möchte sein.

Dreihundertfünfundsechzig im Jahr,

Und im Schaltjahr eins obendrein.

'Das kannst du bei mir haben,

Hole herbei einen Wasserkrug.

Will den Brunnen austragen,

Dann hast du auch genug.

'Einfältig der Riese zugleich,

Haue Holz und bring es bald.

Das tue mit einem Streich,

Und bring den ganzen Wald.

'Darüber der Riese fürchtet sich,

Die ganze Nacht hat gewacht.

Sann nach über diese Sprüch,

Die der Prahlhans macht.

'Am Morgen der Riese sprach,

Setz dich auf eine Rute.

Ob diese noch runter brach,

Er sich sogleich spute.

'Husch saß der Schneider oben,

Machte sich dann ganz schwer.

Die Gerten sich niederbogen,

Den Atem hält an gar sehr.

'Doch nach Luft muss schnappen,

Fliegt zum Himmel hoch hinaus.

Niemand hätte das erraten,

Wohl immer bleibt obenauf.

Der Nagel (184)

'Es war einmal ein Kaufmann,

Hatte ein gut Geschäft gemacht.

Auf die Heimreise begab sich dann,

Um dort zu sein vor Nacht.

'In einer Stadt zuerst rastet,

Führt sein Pferd gleich vor.

Die Hufe der Schmied betrachtet,

Sagte, einen Nagel hätte verlor.

'Lass diesen Nagel nur fehlen,

Gleich werde sein zu Haus.

Wird wohl noch weiter gehen,

Und macht sich nichts daraus.

'Es war am späten Nachmittag,

Eine Brotzeit wollte nehmen.

Ein anderer Schmied da klagt,

Ein Hufeisen würde fehlen.

'Auch darauf er kaum acht,

Sich auf sein Pferd draufsetzt.

Ob es ihn nach Hause gebracht,

Denn es war sogar verletzt.

'Zu Fuß musste weiter gehen,

Weil er hatte keine Geduld.

Das Pferd ließ bald stehen,

Dem Nagel gab die Schuld.

Der arme Junge im Grab (185)

'Einem armen Hirtenjungen,

Waren Vater und Mutter gestorben,

Fremde haben ihn gefunden,

Die sollten für ihn sorgen.

'Doch ein böses Herz hatten,

Nicht zu Essen bekam genug,

Gaben Schläge und ihn traten.

An keinem Tag waren gut.

'Einmal die Glucke hüten sollt,

Mit ihren zart Küchelein.

Doch der Habicht diese wollt,

Fraß sie auf mit Kopf und Bein.

'Der Bauer ihm bescherte,

Solch heftig, starke Schläge.

Sich garnicht mehr wehrte,

Wie tot am Boden läge.

'Als wieder auf den Beinen,

Sagt, ich dich nimmer brauch.

Zum Richter schickt unter Weinen,

Einen Korb mit Trauben auch.

'Unterwegs hatte großen Hunger,

Zwei Träubchen davon aß.

Vergaß all seinen Kummer,

Aber der Richter zählte nach.

'Schrieb einen langen Brief,
Im Korbe fehlen zwei Stück.
Der Bauer dieses lies,
Recht viele Schläge gib.
'Musst hächseln Bündel Stroh,
Zum Futter für die Pferde.
Und drohte dabei so,
Ihn haue in die Erde.
'Mit Leibeskräften schafft,
Sein Röcklein machte frei.
Im Eifer nicht aufpasst,
In der Hächsel ward zu Brei.
'Ach, rief erschrocken aus,
Denkt in seiner Not.
Wenn der Bauer kommt nach Haus,
Schlägt sofort mich tot.
'Will selber das Leben nehmen,
Von der Bäuerin hatte erfahren.
Unterm Bett ein Topf würde stehen,
Darin das Gift aufbewahren.
'Wie er zaghaft daran leckt,
Die Bäuerin ja nur gesagt.
Weil der Honig gut schmeckt,
Ihn niemand zu nehmen wagt.

'Auch der Bauer hätt' im Schrank,

Ein tötliches Fliegengift.

Das nehm er Gott sei Dank,

Aber wie Wein es riecht.

'Das erste hat gestärkt,

Vom zweiten wurde trunken.

Auf den Friedhof gehen werd,

Ein frisches Grab gefunden.

'Dort wartet auf den Tod,

Der ward ihm auch gegeben.

Die Nachricht dieses bot,

Im Grab versunken sein Leben.

Spindel, Weberschiffchen und Nadel (188)

'Einmal ein Mädchen war,

Vater und liebe Mutter tot.

Ihne Patin nahm sie da,

Am Ende des Dorfes wohnt.

'Als es wurde fünfzehn Jahr,

Rief sie ans Sterbebett.

Liebes Kind ich fühle ja,

Kommen wird mein End.

'Legt die Hand auf ihren Kopf,

Segnet es und sprach.

Im Herzen bewahre Gott,

Dir es wohlergehen mag.

'Darauf die Augen schloss,

Bestattet wurde zur Erd.

Das Mädchen weinte bloß,

Hinterm Sarg erwies die Ehr.

'Nun war das Mädchen allein,

Im kleinen, schmalen Haus.

Spann, webte, nähte fein,

Tücher, Teppiche, Hemde auch.

'Um diese Zeit besuchte,

Der Königssohn das Land.

Nur die als Braut verbuchte,

Sowohl arm und reich sie fand.

'Die Reichste saß vorm Haus,
Stolz hatte sich aufgeputzt.
Der Königssohn aber darauf,
War garnicht darüber verdutzt.
'An das Haus der Armen kam,
Diese in ihrem Stübchen war.
Am Spinnrad fleißig spann,
Der Königssohn hineinsah.
'Sie schlug die Augen nieder,
Der Faden aber weiter rann,
Der Königssohn ging wieder,
Und tief im Herzen sann.
'Das Fenster machte sie offen,
Ihm lange hatte nachgeschaut.
Was sie sorgar tat hoffen,
Sind alle darüber sehr erbaut.
'Spindel, Spindel, geh du aus,
Bring den Freier mir ins Haus.
Solches gleich geschah,
Die Spindel war schon da.
'Gesprungen in das Feld,
Und dreht den goldnen Faden.
Beim Königssohn schon hält,
Und möchte ihn einladen.

'Schiffchen, Schiffchen, webe fein,

Führ' den Freier mir herein.

Nadel, Nadel, spitz und fein,

Mach das Haus dem Freier rein.

'Überzogen wurden Tisch und Stühle,

Mit Sammet und mit Seide.

Drin' ein jeder sich wohl fühle,

Das reinliche Stübchen leide.

'Vom Pferd stieg der Königssohn,

Zum Mädchen trat hinein.

Da ist die Ärmst und Reichste schon,

Sollst meine Braut nun sein.

'Bald Hochzeit ward gehalten,

Im großen, königlichen Schloss.

Spindel, Schiffchen, Nadel verwalten,

Diese zu ehren auf ihrem Schoß.

Der Bauer und der Teufel (189)

'Ein kluges, listiges Bäuerlein,
Von den Streichen hatte erzählt.
Das schönste aber viel ihm ein,
Wie den Teufel zum Narren hält.
'Eines Tages in der Dämmerung,
Seinen Acker hatte wohlbestellt.
Da erblickt er eine Feuerung,
Darauf ein Teufel Wache hält.
'Du sitzt wohl auf dem Schatz,
Von glänzend Silber und Gold.
Der Teufel sprach du Fratz,
Das hälltest du gerne gewollt.
'Er soll dir sogar sein,
Wenn du mir versprichst.
Was der Acker bringt ein,
Und die Hälfte davon kriegst.
'Im ersten Jahr was über dem Boden,
Im zweiten was darunter.
Der Bauer war sehr gewogen,
Schlägt darin ein ganz munter.
'Rüben pflanzte im ersten Jahr,
Der Teufel gelbe Blätter erhielt.
Die Knolle aber dem Bauer war,
Weizen im nächsten viel gibt.

'So bekam er Silber und Gold,

Der Teufel zwar nicht zufrieden.

Auch der Schwarze ist mal hold,

Wenn nicht's übrig geblieben.

Die Brosamen auf dem Tisch [(180) Mundart]

'Der Hahn zu seinen Hühnern sagt,

Kommt in die Stube hinein.

Brosamen auf dem Tische habt,

Die Frau scheint fort zu sein.

'Die Hühner aber sprachen,

Nein, nein, wir kommen nicht.

Sie wird uns Beine machen,

Doch garnichts davon wüsst.

'Endlich gingen auf den Tisch,

Brosamen rasch picken auf.

Die Frau schon meldet sich,

Schlug zu, dass alle lauf.

'Waren draußen vor dem Haus,

Hühnchen zum Hahn sprachen.

So, so, so, sieht es aber aus,

Da, da, das wohl gewusst haben.

Das Meerhäschen (191)

‘Es war einmal eine Königstochter,
Unterm Schlossdach hatte einen Saal.
Nach allen Seiten schauen mocht er,
Zwölf Fenstern standen zur Wahl.
‘Aus dem ersten sah besser wie jede,
Im zwölften sogar alles gewahr.
Was immer sich auf Erden regte,
Und was tief unterm Boden geschah.
‘Stolz wollte sich keinem hingeben,
Und wen sie irgendwo entdeckte.
Verlor sein allzukurzes Leben,
Den Kopf auf Pfählen steckte.
‘Siebenundneunzig mussten sterben,
Kein König meldete sich mehr.
Doch drei Brüder um sie werben,
Wollen stellen sich zur Wehr.
‘Der älteste durch ein Kalkloch kriecht,
Der zweite gelangte durch’s Kellerloch.
Aber beide durchs Fenster dennoch sieht,
So neunundneunzig ab Galgen doch.
‘Der jüngste ganz zaghaft vor sie trat,
Er möchte Bedenkzeit erflehen.
Weil sehr schön und inständig bat,
Ihm dreimal diese zu geben.

'Sann lange Zeit darüber nach,
Wie sich verstecken könne.
Und fast den Kopf zerbrach,
Dass er doch endlich gewänne.
'Ergriff seine lange Büchse,
Ging damit auf die Jagd.
Einen Raben da erblickte,
Der ihm folgendes sagt.
'Schieße mich nicht, ich rate dir,
Und werde es auch vergelten.
So schließlich kam an einen See,
Ein Fisch spricht, ich bin selten.
'Einem Fuchs begegnet darauf,
Der hinkte und konnt nur bellen.
Hat einen harten Dorn im Lauf,
Schieß nicht, ich werd' dir helfen.
'Wo soll ich mich verkriechen,
Der Rabe nahm ein Ei hervor.
Darin kannst du gar liegen,
Umhüllt und wie ganz verlor.
'Doch als elf Tage vorüber,
Der Rabe geschossen ward.
Aus dem Ei musste wieder,
Darin sich verstecken tat.
'Zum See ist dann aufgebrochen,

Der Fisch sich aber sehr besann.

Verschlinge dich mit den Knochen,

Auf den Grund ich tauche dann.

'Am zwölften Tag war's gewesen,

Den Fisch hat sie doch entdeckt.

Auch dieser verlor sein Leben,

Weil ihn hatte im Bauch versteckt.

'Am letzten Tag ging auf's Feld,

Der Fuchs garnicht mehr hinkt.

Auch der sein Versprechen hält,

Aber ob es diesmal auch gelingt.

'In ein Quelle stieg der Fuchs,

Als Händler wurde verwandelt.

Und er musste tauchen flugs,

Wie ein Meerhäschen strampelt.

'Damit ging auf den Königsmarkt,

Die Königin hatte solch Gefallen.

An des kleinen Häschens Art,

Ihn schließlich wollte behalten.

'Nun war die Zeit vorüber,

Den jüngsten musste finden.

Unter ihren Zopf kroch dieser,

Oder sich ewig an ihn binden.
'Das war sein großes Glück,
Und der Zauber sich wendt.
Erhielt seine Gestalt zurück,
Mit ihr lebte bis zum End.

Der Trommler (193)

'Ein junger Trommler ganz allein,

Ging abends durch das Feld.

Um an einem See zu sein,

Der ihm so sehr gefällt.

'Am Ufer drei Tücher lagen,

Diese in die Tasche steckt.

Ganz fein gewebt sie waren,

Ging heim, legt sich ins Bett.

'Als eben einschlafen wollt,

Vernahm einen leisen Ton.

Trommler, sei doch hold,

Mein Hemdchen gib mir schon.

'Wenn du mir sagst wer du bist,

Die Tochter vom mächtigen König.

Dann auch es gerne kriegst,

Verzaubert im Glasberg für ewig.

'Ohne Hemdchen kann nicht fliegen,

Nahm dieses aus seiner Tasche.

Durch die Lüfte tat sich wiegen,

Er aber ständig an sie dachte.

'Der Weg führt durch den Wald,

In dem Menschenfresser wohnen.

Bis morgens seine Trommel schallt,

Das Mädchen zu finden und zu holen.

'Ein Riese wurde aufgeweckt,
Was machst du für Radau.
Im Schlaf hast mich erschreckt,
Wo anders dich umschau.
'Viele folgen meinem Trommelschlag,
Wenn denen ein Zeichen gib.
Den Rückzug erst antreten mag,
Doch zum Glasberg gerne schritt.
'Komm her, du Wurm er sprach,
Setz dich auf meine Schultern.
Mit der Trommel Wirbel mach,
Den Glasberg konnt bewundern.
'Aber wie komm ich da hinauf,
So glatt und mächtig hoch ist er.
Immer wieder rutscht man aus,
Wenn doch ein Vöglein wär.
'Zwei Männer miteinander stritten,
Einen guten Rat ihnen gern geb.
Wegen des Sattels den sie ritten,
Damit durch die Lüfte schweb.
'Um die Wette könnt ihr laufen,
Rasch stell auf einen Stab.
Statt immer euch zu raufen,
Das Zeichen wohl ihnen gab.

'Schon beide waren unterwegs,
Er sich selber auf den Sattel hebt.
Und hoch in die Lüfte gehts.
Bald auf dem Glasberg steht.
'Da war ein steinern Haus,
Klopft an die morsche Tür.
Eine Alte trat da heraus,
Um Einlass bittet dafür.
'Doch Aufgaben hat zu lösen,
Dann erst darf übernachten.
Er einverstanden war gewesen,
Und ihm auch Hoffnung machten.
'Es war ganz früh am folgenden Tag,
Die Alte ihm einen Fingerhut reicht.
Den See damit auszuschöpfen hat,
Das ihm streng befehlen heißt.
'Bis zum Mittag hat geschöpft,
Ganz umsonst seine Arbeit ward.
Und nicht weiter machen möcht,
Ein Mädchen Essen bracht.
'Sagt, so traurig sitzt du da,
Dir sehr gerne helfen will.
Und die Arbeit beenden gar,
Dass neue Hoffnung ihn erfüll.

'Dem Schlaf soll sich hingeben,
Seine Ängste dann sogar nimmt.
Den Kopf in ihren Schoß zu legen,
Und alles dann wieder stimmt.
'Der See war ausgeleert,
Doch die Alte noch verlang.
Indem sie von ihm begehrt,
Alle Fische ans Ufer fang.
'Auch diesmal das Mädchen hilft,
An ihrem Zauberring konnt drehen.
Der jeden Wunsch sofort erfüllt.
Sich die Fische in Reihe legen.
'Aber die schwerste Aufgabe kam,
Den ganzen Wald abzuhauen.
Und in Klaftern legen dann,
Seien ausgerichtet anzuschauen.
'Soll zünden ein großes Feuer,
Doch die Hexe fiel hinein.
So verbrannte das Ungeheuer,
Und beide frei konnten sein.
'Das Mädchen führt ihn zur Hütt',
Da standen Kisten und Kasten.
Nun keiner mehr im Leben litt',
Gold und Edelstein in Lasten.

'Auf meinen Sattel steig',
Wie Vögel fliegen hinab.
Doch dieses im verweig',
Den Ring nur drehen mag.
'Bald standen vor dem Stadtor,
Er die Eltern besuchen wollt.
Dem Trommler brachte vor,
Sich rechts nicht küssen sollt.
'Sonst würde sie vergessen,
Beide einander geholfen haben.
Und alles sei umsonst gewesen,
Doch mit dem Sattel will fahren.
'Achtet nicht bei der Wiederkehr,
Alle voll Freude ihn umarmen.
Küssten ihn ganz oft und sehr,
Auch auf die rechte Wangen.
'Vergaß was einst gewesen,
Ein anderes Mädchen freit.
Obwohl das Versprechen gegeben,
Bald fand statt seine Hochzeit.
'Die Königstochter an seiner Türe bitt',
Trommler, Trommler hör mich an,
Hast du mich ganz vergessen.
Als auf dem Glasberg gewesen,
Vor der Hexe bewahrt dein Leben.

Mir auf Treue die Hand gegeben.

Trommler, Trommler hör mich an.

'Da kam sein Gedächtnis wieder,

Wie konnte so treulos handeln dann.

Als sie sprach mein Herzallerliebster,

Verflogen war der Zauberbann.

'Nun durfte Hochzeit sein,

Pauken und Trompetenschall.

Alle willigten gerne ein,

Glück und Freude überall.

Die Kornähre (194)

'Vorzeiten als Gott noch auf Erden,

Die Fruchtbarkeit war sehr groß.

Hundertfach trugen die Ähren,

Im Überfluss lebten sie noch.

'Ein Kind fiel in den Dreck,

Die Mutter einige Ähren brach.

Wichte damit den Schmutz weg,

Das sah der Herr mit Ungemach.

'Die Halme keine Ähren tragen,

Doch das erbarmungsvolle Flehn.

Und Menschen am hungern waren,

Ließ einen kleinen Teil noch stehn.

Der Grabhügel (195)

'Ein Bauer stand auf seinem Hof,

Schaute nach Gärten und Äcker.

Das Korn wuchs kräftig und hoch,

Die Bäume voll Früchte sehr lecker.

'Getreide genug vom vorigen Jahr,

Auf dem Boden die Balken bogen.

Im Stall gemästete Ochsen ein Paar,

Fette Kühe, glatte Pferde in Logen.

'Ging stolz in die Stube zurück,

Viel Geld hat im eisernen Kasten.

Darin tat er noch einen Blick,

Wollte weder ruhen noch rasten.

'Da klopfte es an sein Herz,

Hörte eine Stimme ganz weich.

Hast du auch geteilt den Schmerz,

Und Hungerndn Brot gereich.

'Seine Knie fingen an zu zittern,

Niedersetzt sich auf die Bank.

Ich lasse mich nicht erschüttern,

Durch Elend und durch Zank.

'Da klopft es an die Haustür,

Der arme Nachbar es war.

Sagt, kann doch nicht's dafür,

Meine Kinder hungern sogar.

'Der Reiche sah ihn lange an,
Nicht einen Malter will dir geben.
Nimm achte, schenk dir dann,
Unter der Bedingung zu nehmen.

'Drei Tage sollst wachen am Grab,
Der Bauer willigte zögernd ein.
Versprach das zu tun auch mag.
Und ging ganz betroffen heim.

'Bald war's um den Reichen geschehen,
Was er wohl schon lange geahnt.
Als das Grab noch offen gewesen,
An seiner Todesstätte ward.

'Am dritten Tag wohl es war,
Mitten in der dunklen Nacht.
Einen Fremden dort gewahr,
Ein Sodat sich zu schaffen macht.

'Wenn ihr keine Furcht habt,
So bleibt bei mir und wacht.
Am Grabe wenn ihr's wagt.
Weil das Versprechen gemacht.

'Da ertönt ein schneidend Pfeifen,
Beide Wächter den Teufel erblickt.
Mit den leibhaft bösen Zeichen,
Der da liegt mir nicht entwicht.

'Nur auf den Hauptmann werd' hören,

Das ist meine erste Soldatenpflicht.

Tu dich schleunigst zur Hölle scheren,

Sonst deine schwache Seite bricht.

'Mit Gold der Teufel wollt' kaufen,

Darauf lässt er sich sogar ein.

Um nicht mit ihm zu raufen,

Bald werde er wohl zurücksein.

'Aber den Stiefel ganz füllen müsst,

Und schneidet die Sohle aus.

Über's Loch stellt auf mit List,

Den voll füllen sollte darauf.

'Aber das konnte der Teufel nicht,

Doch beide nun hatten den Schuh.

Er tief in der Hölle nun büßt,

Und die arme Seele ihre Ruh.

Die Kristallkugel (197)

'Es war einmal eine Zauberin,

Drei Söhne bei ihr lebten.

Doch Böses führte sie im Sinn,

Weil Bruderliebe pflegten.

'Den ältest in einen Adler verwandelt,

Im Felsengebirge hausen muss.

Am Himmel schwebt und strampelt,

Wer hätte das jemals gewusst.

'Der zweite wurde zum mächtigen Wal,

Lebte im tiefen, kalten Meer.

Und hatte keine andere Wahl,

Die Welt sah er nicht mehr.

'Als der dritte dieses merkte,

Ganz heimlich schlich sich fort.

Vom Schloss der Sonne hörte,

Eine verwunschene Schöne sei dort.

'Nur noch einer dürfe kommen,

Dann vom Bann erlöset wär.

23 ward das Leben genommen.

Sie zu befreien war sehr schwer.

'So kam in einen tiefen Wald,

Zwei kräftige Riesen sieht.

Winkten mit der Hand sobald,

Und er sich zu ihnen begibt.

'Wir streiten um einen Hut,
Doch beide sind gleich stark.
Aber Menschen sind sehr klug,
Deshalb du entscheiden mag.
'Wie könnt ihr darum zanken,
Es ist doch nur ein altes Stück.
Nein, nein, ein Wunderhut sagten,
Kann wegbringen im Augenblick.
'Gebt her den Hut, der Junge sprach,
Um die Wette könnt ihr renne.
Doch im Herzen den Wunsch mach,
Das Schloss der Sonne zu nennen.
'Kaum waren die Worte gesagt,
Vor dem Tor des Schlosses stand.
Nach der Königstochter fragt,
Und diese im letzten Zimmer fand.
'Ein Gesicht hatte voll Runzel,
Die Augen tief und getrübt.
Rostrote Haare wie Wurzel,
Hässlicher nichts mehr gibt.
'Ach erwidert darauf die Ärmste,
Das ist nicht meine wahre Gestalt.
Durch einen Spiegel erst lernte,
Das Abbild der Schönsten bald.

'Wie kann ich dich erlösen,

Und sei es noch so schwer.

Dich retten vor dem Bösen,

Auch gäbe mein Leben her.

'Wenn die Kristallkugel bekomm',

Und dem Zauberer zeigst vor.

Alle Kraft wird ihm genomm',

Jeder erlöst und neu gebor.

'Den Auerochsen bekämpfen,

Daraus ein feuriger Vogel wächst.

Das glühende Ei darin dämpfen,

Worin die Kristallkugel zuletzt.

'Den Auerochs hat bezwungen,

Der Adlerbruder den Vogel jagt.

Der Walbruder das Ei gefunden,

Die Kristallkugel unversehrt hat.

'Die Macht des Zauberers zerstört,

König vom goldenen Schlosse ward.

Alle werden reichlich beschert,

Die Königstochter in Schönheit fragt.

'Willst werden meine Herzallerliebste,

Dem Lebensretter gern willigte ein.

Auch die beiden Brüder grüßte,

Bei der Hochzeit sollen sein.

Jungfrau Maleen (198)

'Es war einmal ein König,

Sein Sohn tat ihn anflehn.

Warb viele Jahre vergeblich,

Um die schöne Jungfrau Maleen.

'Ihr Vater sie hatte vergeben,

War deshalb ihm versagt.

Beide wollten zusammengehen,

Einschloss in den Turm unverzagt.

'Sieben Jahre soll dort kauern,

Ihren Trotz damit brechen will.

So saß gefangen in den Mauern,

Dunkel war's unheimlich still.

'Der Königssohn ging um den Turm,

Doch kein Laut drang je heraus.

Gleich einem armen Wurm,

Ihr Leben war ein Graus.

'Die Bedienste miteingemauert,

Wie oft wurde ihnen bang.

Der Tod wohl auf sie lauert,

Um blühende Schönheit rang.

'Doch bevor es geht zu Ende,

Die letzte Kraft wird angestrengt.

Nahm das Messer in die Hände,

Die Mauer zu durchstoßen stemmt.

'Steine konnte wegräumen,
Bis dass ein Loch darin war.
Vergessen von dunklen Träumen,
Den Himmel über sich sahn.
'Doch ringsumher das Land,
Verwüstet Wald und Feld.
Wo einst die Burg stolz stand,
In Flammen ward die Welt.
'Feinde haben Dörfer zerstört,
Den König fresch vertrieben.
Ihm garnichts mehr gehört,
Wohl tot sind alle geblieben.
'Auch der Geliebte war geflohen,
In ein fernes, fremdes Land.
Der König ihm dort gewogen,
An seine Tochter gerne band.
'Doch hässlich war wie die Nacht,
Nicht öffentlich konnt sich sehen.
Und auch nie im Leben lacht,
Nur im Dunkeln wollte leben.
'Die schöne Jungfrau Maleen,
Zur selben Zeit dort war.
Mit Bedienste war zu sehen,
Niemand sie kannte zwar.

'Stellt sich im Schlosse vor,

Die Hässliche das gewahr.

Für die Hochzeit sie erkor,

In ihr eine Brautpatin sah.

'Der Bräutigam erstaunt dacht,

Sie gleicht der Jungfrau Maleen.

Zur Kirche hat feierlich gebracht,

Das konnten alle Leute sehn.

'Brennesselbusch so klein,

Was stehst du hier allein.

Ich habe die Zeit gewettet,

Dass du bald wirst gerettet.

'Der Königssohn sie fragt,

Dachte an Jungfrau Maleen.

Was hast du eben gesagt,

Wir müssen weiter gehn.

'Kirchensteg brich nicht,

Die rechte Braut bin nicht.

Kirchentür brich nicht,

Die rechte Braut bin nicht.

'Wiederum er sie fragt,

Dachte an Jungfrau Maleen.

Was hast du eben gesagt,

Wir müssen weiter gehn.

'Als beide in der Kirche waren,
Wurden Hand in Hand getraut.
Da hat er endlich erfahren,
Jungfrau Maleen war seine Braut.

Der Stiefel von Büffelleder (199)

'Ein Soldat sich vor nichts fürchtet,
Auch nichts um etwas kümmert.
Beim Abschied zwar noch bürstet,
Aber niemals weint noch wimmert.
'Einen alten Wettermantel trägt,
Reiterstiefel von Büffelleder.
In den Wald schreitet abends spät,
Diesen kann erkennen ein jeder.
'Auf einen Baumstamm sitzt,
Neben einem Weltfremden gar.
Mit Jägerrock und frisch gewichst,
Wohl ein Hochgeborener war.
'Ich kann nicht länger bleiben,
Der Soldat von Hunger gequält.
Können miteinander schreiten,
Bis der Magen etwas erhält.
'In der Ferne sahen ein Licht,
Dort gibt es was zu essen.
Und wenn die Welt bricht,
Klopft an ganz versessen.

'Eine Alte öffnet die Tür,
Ein Nachtlager brauchen.
Ihr könnt nicht bleiben hier,
Ach gib doch was zu saufen.
'Ihr seid im Räuberhaus,
Bald kommt zurück die Bande.
Dann ist es mit euch aus,
Kriecht hinter die Ofenkante.
'Schon traten die Räuber ein,
Sahen den Soldaten und andern.
Der sprach nur schenkt mir ein,
Dann können wieder wandern.
'Nahm eine Flasche zur Hand,
Ihr alle sollt recht leben.
Aber das Maul zur Wand,
Und sich vom Stuhl erheben.
'So standen in Reih und Glied,
Die erste Schlacht geschlagen.
Was solch ein Kustgriff zieht,
Die zweite auch werden wagen.
'Diese haben wir überrumpelt,
Hintendrein marschieren werden.
Bis zum Stadttor jeder humpelt,
Freudenschrein zu hör'n auf Erden.